19,80

W0038936

Birgit Fuchs

Spiele für Gruppenprozesse

Don Bosco

Die Deutsche Bibliothek – CIP-Einheitsaufnahme

Ein Titeldatensatz für diese Publikation ist
bei Der Deutschen Bibliothek erhältlich.

1. Auflage 2000 / ISBN 3-7698-1235-2
© 2000 Don Bosco Verlag, München
Umschlag und Illustration: Felix Weinold
Gesamtherstellung: Don Bosco Grafischer Betrieb, Ensdorf

Gedruckt auf umweltfreundlichem Papier.

Inhalt

Einführung 9

I. Strukturspiele 11
  1. Obstsalat 11
  2. Memorix 12
  3. „Gruppe" – eine Collage 13
  4. Verkaufsstrategie 13
  5. Führerschein 14
  6. Hausbau 15
  7. Probe auf Zeit 16
  8. Farbformpuzzles 16
  9. Kleeblatt 17
  10. i- -Aufgaben 18

II. Konzentrationsspiele 19
  11. Ding-Dong 20
  12. Konsonantenraten 20
  13. Gefüllte Kalbsbrust 21
  14. Blinker 22
  15. Gripsfix 22
  16. Telefonnummernbingo 23
  17. Logoffel 24
  18. Hamburger genial 24
  19. Hoppla 26
  20. Simile 26

III. Soziale Spiele 27
  21. Kollegen-Treff 27
  22. Finanzminister 28

23. Dich kenn ich doch! 28
24. Persönlich 29
25. Ein Freund, ein guter Freund 29
26. Aktion Adlerauge 30
27. Freundschaftsschachteln 31
28. Magnet 32
29. Notsignale 33
30. Nachhilfe 34
31. Topf und Deckel 35

IV. Körperspiele 36
32. Thermomix 37
33. Doppelgips 38
34. Betttuchgespenster 38
35. Finger-Kreiseln 38
36. Deckel-Stepp 39
37. Makarena 39
38. Ausredenfangus 40
39. Brustball und Co. 40
40. Balltreiben mit Handicap 41
41. Symbolspringen 42

V. Willensspiele 44
42. Fastenkur 44
43. Twin-Stick 45
44. Völker-Softies 45
45. Erfolgsleiter... 46
46. Mensch KNUSPERNICHT 47
47. Schlüsselring 48
48. Gut gekontert 48
49. Cantabile 49
50. Geisterbahn 49
51. Grinsen verboten 50

VI. Vertrauensspiele 51

52. Vertrau mir 52
53. Don't panic 52
54. 4 × 4, hier! 54
55. Orientiert 54
56. Kleine Pause 55
57. Der Schatz im Sandsee 56
58. Stille Flamme 57
59. Marionettentheater 57
60. Pünktchen und anderes 58
61. Bilderlotse 59

VII. Therapiespiele 60

62. Selbstporträts in Dur und Moll 60
63. Gruppenzoo 62
64. Testament im Trinkhalm 62
65. Gruppentherapie 63
66. Logischer Vierer 65
67. Und was kommt dann? 65
68. Lebensziele 66
69. Zielcollagen 67
70. Stimmungsmuster 68
71. Burgbau mit Tücken 69

VIII. Kommunikationsspiele 71

72. Plauderei in Rot und Grün 71
73. Der alte König ist krank 72
74. Siebenvierzehn 72
75. Goethe und Co. 73
76. Tukketinisch 73
77. Klangfolgen 74
78. Leg nicht auf! 74
79. Memorygeschichten 75

80. Quasselquatsch 76
81. Rudi-mente 77
82. Fragezeichen im Sack 77
83. Begriffskreuze 78
84. Assoziations-Domino 79
85. Two for One 79
86. Kuckuck 80

IX. Kreativspiele 81
87. Graf von der Socke 81
88. Montagsmaler extra slowly 82
89. Patent 82
90. Liniensalat 83
91. Bleistiftkino 84
92. Pizza Mandala 84
93. Geheimcode 86
94. Kreativspeise Mailänder Art 86
95. Diddl-dum 87
96. Was übrig für Kunst? 87

X. Zukunftsspiele 89
97. Futuristisch 89
98. Der Kuchenplan 90
99. Die grüne Brille 91
100. Sandkastenfreundschaft 92
101. Money money money 92
102. Familienplanung 93
103. Rollenwechsel 94
104. Wie ich einmal wohnen werde 94

Einführung

In Ergänzung zu den „Spielen fürs Gruppenklima", die eine weitestgehend angst- und aggressionsfreie Atmosphäre zum Ziel haben, beschäftigt sich dieser Band mit Anregungen und Spielevorschlägen zur Entwicklung und Aufrechterhaltung konstruktiver Gruppenprozesse. Dabei werden verschiedene Faktoren berücksichtigt, die auf die Qualität sozialer Prozesse entscheidenden Einfluss nehmen. Sowohl kognitive Fähigkeiten als auch emotionale Kompetenzen spielen eine Rolle, es geht andererseits aber auch um das Entdecken von Ideen, Werten und Zielen, die zukunftsweisend sind, um Kindern und Jugendlichen einen Sinnbezug zu ermöglichen im Hinblick auf die vielfältigen Ansprüche, die an sie gerichtet werden.

Die einzelnen Kapitel beinhalten eine Auswahl von Spielen, die gedankliche Strukturiertheit, Konzentration, soziale Verantwortung, Körperbewusstsein, Willensstärke, Vertrauen, Fähigkeit zur Selbsthilfe, Kommunikationsfähigkeit, Kreativität und planende Voraussicht im Auge haben. Ein ganzes Bündel von zu berücksichtigenden Faktoren also, um der menschlichen Differenziertheit ein wenig gerechter zu werden. Denn es sind lauter Bereiche, in denen die einzelnen Mitglieder einer Gruppe ihre Schwächen haben könnten und eventuell aus diesem Grunde den Gruppenprozess stören oder blockieren.
So lässt sich beispielsweise vermuten, dass einer, der nicht den nötigen Willen aufbringt, eine Sache bis zum Ende durchzustehen, sein Ziel verpassen wird und deswegen – bewusst oder unbewusst – auch andere daran hindern möchte. Oder: Wer nicht lernt, Gedanken oder Dinge der Umgebung in eine Struktur zu betten bzw. „auf die Reihe zu bringen", wird sich in der Fülle von Möglichkeiten verzetteln. „Chaotisch" wird so jemand gerne genannt, er trägt zwar häufig zur guten Unterhaltung bei, weniger jedoch zum Gelingen komplexer Projekte ...

So steht jedem Kapitel dieses Buches eine kurze Einleitung voran, die Überlegungen zum jeweiligen „Lernziel" anstellt und warum und weshalb ein spielerisches Training in diesem Bereich sich für die Entwicklung harmonischer Gruppenprozesse günstig auswirken kann.

I. Strukturspiele

„Wer den Überblick hat, hat den Durchblick", könnte das Motto des ersten Kapitels lauten. Voraussetzung für besagten Überblick ist zunächst das genaue Wahrnehmen des Problems, der Sache, der Angelegenheit, um die es gerade geht. Der Inhalt muss gedanklich sortiert, Vorgehensweisen eingeplant werden. Es sollen Prioritäten erkannt und von Nebensächlichkeiten unterschieden werden. Ein einfaches Beispiel, anhand dessen die Notwendigkeit strukturierten Arbeitens deutlich wird, liefert das Kind, das einen Sachtext exzerpieren beziehungsweise das Wesentliche einer schriftlichen Abhandlung unterstreichen soll. Worum geht es, was ist der Kern der Thematik, des Textes, welche Aussagen sollten erwähnt werden, welche sind eher unerheblich ...?
Und worum es geht, das sollten die Jugendlichen nicht nur in Sachfragen, sondern dringend im sozialen Miteinander erlernen. Weshalb kommt es immer wieder zu Streitigkeiten um die gleichen Nichtigkeiten, worin besteht der Auslöser, wie erfolgt die Problemlösung oder wird in der Auseinandersetzung ein ganz unsachliches Ziel verfolgt ...? Deshalb ist die Übung wachen Beobachtens und das Erfassen von Zusammenhängen von großer Bedeutung für jeden Einzelnen und für die gesamte Gruppe.

1   Obstsalat

Jeder Teilnehmer benötigt einen Spielplan. Ein kariertes Blatt in DIN A4 wird mit schwarzem Filzstift in sechzehn gleich große Quadrate eingeteilt. Um nur einmal Arbeit mit dem Linienziehen zu haben, werden gleich reichlich Kopien vom ersten Spielplan angefertigt. Pro Spielerpaar werden zwei Blätter ausgeteilt. Bei Spielbeginn zeichnet jeder Teilnehmer einen Apfel, eine Birne, Kirschenzwillinge, eine Banane und eine Ananas auf je ein beliebiges Feld seines Planes ein. Pro Quadratfeld eine Frucht! Wo jeder seine Früchte platziert, hält er geheim. Das heißt, die Teilnehmer arbeiten verdeckt, bis auch die letzte Frucht untergebracht ist. Ein Signal gibt das Zeichen zum Bilderwechsel! Der eigene Spielplan wird für die Dauer von dreißig Sekunden dem Nachbarn gezeigt. Dieser nützt hochkonzentriert die kurze Zeit, um sich die Obstverteilung des Mitspielers richtig einzuprägen. Dann werden die Pläne wieder zurück gegeben und jeder zeichnet aus dem Gedächtnis den Lageplan des Obstsalates in die hoffentlich richtigen Leerquadrate des zweiten Spielplanes ein. In der abschließenden Partnerkontrolle werden dann die Ergebnisse ausgewertet. Pro richtige Frucht im richtigen Feld gibt es zwei Punkte, pro falsche Frucht im richtigen Feld einen Punkt.

Erschwerung:
Wer noch kniffligeren Obstsalat mag, entwickelt einen Spielplan mit mehr Feldern oder lässt mehr Früchte verteilen oder sogar beides.

Tipp:
Die Quadrate können auch mit Zahlen oder Buchstaben oder Symbolen gekennzeichnet werden, zur besseren kognitiven Abspeicherung.

2   Memorix

Auf dem Overhead-Projektor wird ein Stillleben angeordnet – bestehend aus Dingen des Alltags wie Stifte, Radiergummi, Büroklammer, Löffel etc. Wer sich mehr Arbeit machen möchte, schneidet auffällig geformte Musterstücke aus Karton und legt sie zu einem Ensemble.
Nach der Komplexität der Anordnung wird die Zeit bemessen, die die Mitspieler erhalten, um sich die Figurationen einzuprägen. Dann wird der Overheadprojektor ausgeschaltet. Jeder nimmt Stift und Block zur Hand und versucht, das Bild möglichst originalge-

treu nachzulegen oder nachzuzeichnen. Sind alle fertig, wird das Original zur Kontrolle wieder beleuchtet. Wer hat sich wie vieler Details wieder erinnert?

Da das Überlegen neuer Arrangements großen Spaß bereitet, sollten die Teilnehmer auch diese Aufgabe im Wechsel übernehmen dürfen.

3   „Gruppe" – eine Collage

Besonders interessante Ergebnisse sind zu erwarten, wenn die Gruppe eine Collage entwirft, die wiederum den Titel „Gruppe" tragen soll. In Einzelarbeit soll die Gruppenstruktur beleuchtet werden – und tunlichst ohne vorherige Besprechung, um eine größtmögliche Bandbreite von Sichtweisen beziehungsweise Bildern zu erhalten.

Für diese Aufgabe oder Hausaufgabe ist schon eine gewisse Bedenkzeit von Nöten. Jeder soll selbst in Ruhe nach Materialien, Bildern in Zeitschriften, Bastelutensilien etc. suchen dürfen, um das Bild, das ihm der Begriff „Gruppe" bedeutet, umsetzen zu können.

Bei der höchst spannenden, gemeinsamen Betrachtung der Ergebnisse wird es einige Überraschungen geben. Gibt es jemanden, der „Gruppe" im Tierreich ansiedelt? Von wem stammt diese politisch angehauchte Gruppierung? Welchen Bezug hat jeder selbst zu seinem Bild? Welche Personen beziehungsweise Gegenstände könnten durch einen selbst ersetzt werden und so weiter?

Lauter Fragen, die eine fruchtbare Diskussion der Gruppe in Gang bringen können.

4   Verkaufsstrategie

Gemäß den Hauptschritten des Denkprozesses, wie sie bei jedem Menschen ablaufen, sollen die Teilnehmer bei diesem Spiel eine Werbestrategie entwickeln:

1. Wahrnehmung = Ich sehe, höre, rieche … einen Gegenstand, eine Nachricht, eine Person und so weiter …
2. Reflexion = Was fällt mir dazu ein? Was kann ich damit machen? Was habe ich dazu schon gehört? …
3. Urteil = Ich entscheide mich, so oder so zu handeln …

Wie also könnte man den Verkauf eines neuartigen Haarwicklers ankurbeln? Wie erwärmt man Männer für ein schickes Auto? Wie kriegt man Muttis dazu, ihre Windeln ausschließlich bei „Trampers" zu kaufen?
Lauter spannende Fragen, zu denen den kreativen Mitspielern sicherlich eine witzige Lösung einfällt – aber der Dreier-Aufbau des Werbekonzeptes (wie oben beschrieben) muss ersichtlich sein.
Wer mag, setzt eine Videokamera ein oder hält die einzelnen Schritte der Werbestrategie in Form von Fotos und provokanten Werbetexten fest.

5   Führerschein

Logische Strukturen und Zusammenhänge zu erkennen sind wesentliche Voraussetzungen für die Lösung von Bildergeschichten beispielsweise bei Führerscheinbögen.
Deshalb bieten sich derlei Fragebögen wunderbar für Spiele in Kindergruppen an. Mehrere Bilder werden auf Folie kopiert und mit dem Overheadprojektor an die Wand geworfen. Eines davon wird aufgedeckt! Je nach Komplexität der Bildaufgabe dürfen Stifte und Papier ausgeteilt werden, damit die Teilnehmer ihre Überlegungen zum Bild schriftlich notieren können.
In welcher Reihenfolge wird hier wohl gefahren? In welche Richtungen muss sich Fahrer B absichern? Wie würdest du dich als Radler verhalten?, etc.
Man kann eine Menge Fragen an das Bild stellen und auch mit einer Menge Spaß und logischem Denkvermögen zu Lösungen gelangen, selbst wenn man den Führerschein noch nicht gemacht hat.

6 Hausbau

Bei diesem Architektenspiel muss gründlich strukturiert werden. Ein Haus soll gebaut und die Grundrisszeichnung dafür angefertigt werden. Jeder Mitspieler erhält DIN A3-Papier, Lineal, Bleistift und Radiergummi. Dann kann es losgehen.

Zuerst dürfen die ersten Ideen auf einem Schmierzettel skizziert werden. Hat sich dann der Architekt für eine spezielle Raumauftei- lung entschieden, wird er sie ins Reine auf den großen Papierbogen übertragen. Wichtig dabei sind die Argumente und Begründungen für die architektonischen Lösungsvorschläge.

In einer gemeinsamen vergleichenden Betrachtung der verschiede- nen Baupläne sollen dieselben nach Ökonomie, Sinn und Gefällig- keit untersucht werden. Der am besten gelungene Plan wird prä- miert.

Varianten:
Anstatt eines Einfamilienhauses könnten die Architekten auch nach baulichen Lösungsvorschlägen für eine Kirche, einen Kindergarten, eine Metzgerei, eine neue Feuerwehranlage etc. suchen. Vorherige Recherchegänge in bereits bestehenden Bauten sind oftmals recht dienlich und erweitern den Horizont.

7   Probe auf Zeit

Für größere Unternehmungen, die Ihre Gruppe plant oder auch für ganz gewöhnliche Tagesverläufe sollen alle Mitspieler einen fiktiven Zeitplan aufstellen. Angefangen beim Frühstück, Betten machen, Rucksäcke startklar machen, Anmarsch zum Bus und so weiter bis hin zur Rückkehr am Abend sollten die Gruppenmitglieder ihre Vorstellungen der Zeiten niederschreiben, die sie für die jeweiligen Etappen veranschlagen würden.
Ein Zeitvergleich am Ende der Tour wird zeigen, wer gut vorausschauen, abschätzen und planen kann und deshalb dem tatsächlichen Zeitverhältnis am nächsten kommt.

Tipp:
Interessant sind solche Zeitvorhersagen unter anderem im Küchenbereich, bei der „schlichten" Herstellung eines gemischten Gemüseeintopfes oder sogar eines Dreigängemenüs. Womit fängt man an, wenn Pellkartoffeln, bunter Reis, Geschnetzeltes mit Zwiebeln und Vanillepudding möglichst zur gleichen Zeit fertig sein sollen? Die Planungen bringen es ans Licht und machen übrigens großen Spaß.

8   Farbformpuzzles

Wenn man bei Puzzles nach Inhalt vorgeht und sich dabei an Personen, Gegenständen oder Tieren orientieren kann, fällt die Suche nach dem nächsten passenden Teil schon nicht leicht! Besonders kniffelig aber geht es bei abstrakten Puzzles zu. Darunter sind solche Puzzles zu verstehen, die nur abstrakte Formen, Linien und Farben zeigen. Und deshalb können sie auch ganz einfach selbst hergestellt werden:

Auf dünnen Karton wird mit Plakat- oder Dispersions- oder Wasserfarbe gemalt. Wer möchte, zeichnet mit Bleistift die Grundposition seines Bildes vor, damit die Blatteinteilung bei der farbigen Gestaltung bereits geklärt ist. Besondere Oberflächenstrukturen erreicht man durch Verwendung von feinmaschigen Netzen, Kratzspuren können mit Gabeln hinterlassen werden und stellenweise könnte es eine Prise Glitter auf das noch feuchte Werk regnen. Wenn es komplett getrocknet ist, wird das Puzzlebild mit Klarlack besprüht oder durch Überzug mit durchsichtiger Selbstklebefolie fixiert. Anschließend schneidet man das Bild in entsprechend viele interessant geformte Puzzleteile und sammelt diese in einem Karton für viele weitere Spieldurchgänge.

9   Kleeblatt

„Kleeblatt" ist ein lustiges Ordnungsspiel auf Zeit. Jeder Mitspieler sitzt über Papier und Stift und wartet die Vorschrift ab, die der Spielführer angibt: Zum Beispiel: Vierblättrige Kleeblätter sollen gezeichnet werden, die vier verschiedene Symbole tragen: Ein einzelnes Kleeblattherz trägt beispielsweise einen roten Kreis, das Zweite zeigt ein blaues Viereck, das dritte Blatt soll eine gelbe, ausgemalte Sonne enthalten und das vierte Blatt grüne Blattadern. Jeder Spieler legt sich die geforderten vier Farben zurecht, dann kann gestartet werden – auf die Plätze fertig los!

Wie viele korrekt gefüllte Kleeblätter schafft der Schnellste in X Minuten?

Tipp:

Wenn Sie schlampig gezeichnete Kleeblattformen vermeiden möchten, bereiten Sie doch einfach eine entsprechende Kleeblattkopiervorlage vor!

10 i - -Aufgaben

Die Psychologieabteilungen wimmeln ja geradezu von Büchern, die Intelligenztests zum Üben für Jedermann anbieten. Dort finden sich neben den Aufgaben mit Lösungen zahlreiche Anregungen zur Selbstentwicklung von Buchstaben-, Zahlen-, oder Symbolreihen, die im Spiel von der ganzen Gruppe erkannt und fortgesetzt werden sollen. Gerade das Neuentwerfen von solchen Ordnungsspielen macht großen Spaß!

Wenn jeden Tag eines der Gruppenmitglieder eine solche Aufgabe stellen darf, kann das i- -Niveau sicher nach oben hin gesteigert werden!

II. Konzentrationsspiele

Die hohe Ablenkbarkeit und Unruhe der heutigen Kinder ist natürlich ein erheblicher Störfaktor innerhalb gruppendynamischer Prozesse. Es liegt auf der Hand, dass Unkonzentriertheit wiederum negative Auswirkungen auf den Denkprozess und die Strukturerfassung hat. Verhalten und Leistung leiden darunter. Die Unfähigkeit sich länger einer Sache zu widmen, spiegelt sich aber auch häufig im sozialen Kontakt, wo es schwer fällt, sich richtig in andere hineinzufühlen, da soziale Empathie nämlich ebenfalls konzentriertes Hinhören und Hinsehen voraussetzt.

Zur Übung von Konzentrationsfähigkeit angetan sind eigentlich alle Beschäftigungsanregungen und Spiele, die längere Aufmerksamkeit voraussetzen. Allerdings sollten sie auch auf das Interesse der Teilnehmer treffen. So könnten sehr viele Spiele zu Konzentrationsspielen werden, wenn bestimmte Gesichtspunkte in den Vordergrund gerückt werden:

● Einüben eines ruhigen, strukturierten Spieleablaufes
● keine Hektik, Vermeidung von Leistungsvergleichen
● auf genaues Beobachten und adäquates Verbalisieren von Beobachtungen oder Gedanken achten
● das Spiel wird nicht abrupt abgebrochen, sondern zu Ende geführt
● die Spieldauer wird sukzessive verlängert

So oder ähnlich kann sich jeder Gruppenleiter selbst eine Kategorie von Merkmalen zurechtlegen, die er für geeignet hält, um seiner Gruppe zu mehr Ausdauer und konzentrierterer Arbeitsweise zu verhelfen.

11 Ding-Dong

Es soll gezählt werden! Der Starter beginnt bei Null. Wenn der Spielführer ein Signal setzt, fährt der Sitznachbar fort! Aber Achtung: Ohne eine kleine Gemeinheit geht das Zählspiel natürlich nicht ab. Es wäre sonst auch zu leicht.

Bei jeder Drei, die fällt (egal, ob die 3, 13, 23 …) wird das Zahlwort ersetzt durch einen lustigen oder unsinnigen Ausdruck, zum Beispiel „Ding". Jede Sechs wird hingegen durch ein „Dong" repräsentiert. Die Zählweise sieht dann folgendermaßen aus:

1, 2, Ding   4, 5, Dong

Erschwerung:
Drei Zahlen werden ersetzt.

12 Konsonantenraten

Jeder Mitspieler überlegt sich sechs bis zehn Wörter und schreibt sie auf einen Notizzettel. Daneben werden dieselben Wörter noch einmal geschrieben, allerdings ohne Vokale!
Zum Beispiel:

Rindsrouladen	Rndsrldn
Dachgeschoss	Dchgschss
Klaviertastatur	Klvrtsttr
Fernsehzeitschrift	Frnshztschrft
Schneeboots	Schnbts
Büchereitermin	Bchrtrmn

Anschließend wird zu jedem Wort ein Impuls formuliert.
Zum Beispiel:

> 1. Leibgericht
> 2. Teil des Hauses
> 3. Wichtig fürs Pianospielen
> 4. Freizeitlektüre
> ...

Im Partnerwechsel liest immer einer den Impuls vor, zeigt das seltsame Konsonantenprodukt und der Mitspieler errät das Lösungswort.

Tipp:
Wenn die Begriffe auf kleine Karteikärtchen geschrieben werden (hinten richtig, vorne ohne Selbstlaut), dienen sie für viele weitere spontane Spieldurchgänge im Konsonantenraten.

13 Gefüllte Kalbsbrust

Die Kalbsbrust besteht aus einem individuell zu wählenden Wort, dessen Buchstaben vertikal untereinander geschrieben werden. In einiger Entfernung wird dasselbe Wort rechts daneben noch einmal geschrieben, allerdings von unten nach oben. Zum Beispiel:

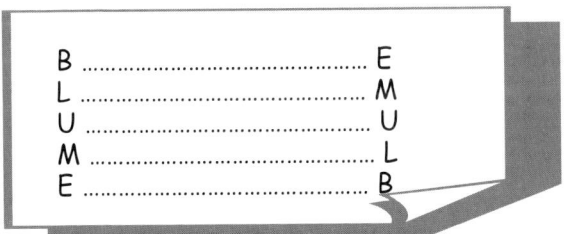

Die Füllung der Kalbsbrust besteht darin, die so entstandenen Anfangsbuchstaben links und die Schlussbuchstaben rechts mit dazwischen liegenden Buchstaben zu ergänzen, so dass völlig neue Wörter entstehen. Zum Beispiel:

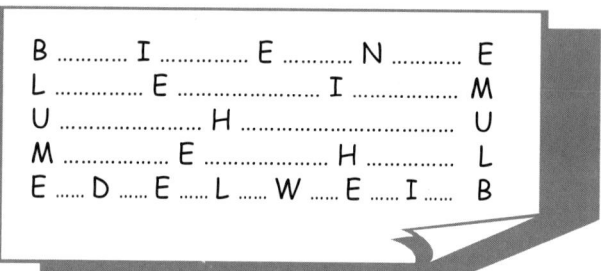

```
B ........... I ............. E ........... N ........... E
L ............. E .................... I ............... M
U ..................... H ............................... U
M ............... E .................. H ............. L
E ..... D ..... E ..... L ..... W ..... E ..... I ..... B
```

14 Blinker

Das Blinkerspiel erfordert große Aufmerksamkeit und macht riesigen Spaß! Die Spielergruppe setzt sich in den Sitzkreis. Der Starter hält seine beiden Hände links und rechts an die Seiten seines Kopfes. Der Daumen dockt jeweils an der Schläfe an, die übrigen Finger werden durch drehen des Handgelenkes zum Winken beziehungsweise zum Blinken gebracht. Der Erste der Runde eröffnet also das Spiel, indem er einen anderen Teilnehmer des Sitzkreises anblinkt. Zur eindeutigeren Kontaktaufnahme darf auch einmal dazu gezwinkert werden. Der Adressat reagiert flott: Er beginnt seinerseits zu blinken, sein rechter Sitznachbar blinkt mit der Linken, der linke Sitznachbar blinkt mit seiner rechten Hand mit. Jetzt erst darf der Starter aufhören zu blinken. Außer ihm werden bei jedem weiteren Blinkkontakt immer drei Spieler in Bewegung sein: Jeweils der Hauptblinker plus die beiden Nebenblinker.

15 Gripsfix

Wer Gripsfix spielen möchte, muss Grips haben und fix sein und außerdem flexibel und konzentriert! Mehrere Aufgaben müssen hintereinander gelöst werden:

1. Per Abc-Stopp wird ein Buchstabe des Alphabets ermittelt. Der Spielstarter muss sofort nach einem Wort suchen, das mit diesem Buchstaben beginnt.

2. Er überlegt gleichzeitig, wie viele Buchstaben das Wort beinhaltet. Dann greift er zum Würfel und wirft ihn!
3. Die Anzahl der Würfelaugen soll nun mit der Anzahl der Buchstaben des gefundenen Wortes multipliziert werden!

Das Ergebnis wird eingetragen und der Sitznachbar ist als Nächster an der Reihe. Er stoppt das Abc, sucht ein Wort mit diesem Buchstaben, zählt die Buchstaben, würfelt und multipliziert und so fort, bis alle Mitspieler einmal die Tortur überstanden haben.

16 Telefonnummernbingo

Hier heißt es aufgepasst! Zahlen müssen eingeprägt und geordnet werden. Auf einem Plakatstreifen wird eine sechsstellige Nummer geschrieben. Die Reihenfolge der Zahlen darf die Gruppe willkürlich festlegen. Der Spielführer wird anschließend eine Ziffer dieser Nummer mit Leuchtfarbe einkreisen, zum Beispiel

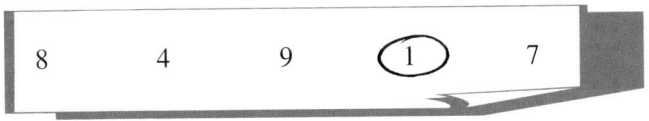

Außerdem wird er rasch zehn weitere Zahlenfolgen notieren, wovon einige Nummern die **eingekreiste** Zahl an der **gleichen Stelle** aufweisen. Natürlich kann diese Arbeit auch in Ruhe viel früher vorbereitet werden. Dann wird gespielt: Der Spielführer liest zügig die Telefonnummern hintereinander vor. Wer bei einer Nummer die 1 an vierter Stelle zu hören glaubt, hebt die Hand.

Tipp:
Um Schummeleien vorzubeugen, kann man von jedem Spieler einen schriftlichen Beleg einfordern: Jeder schreibt Spalten für die zehn Telefonnummern und setzt einen Strich in die jeweilige Spalte, wenn er die richtige Zahl an der entsprechenden Stelle vermutet.

17   Logoffel

Jetzt wird es kniffelig! Wer seine Kombinationsfähigkeit und den analytischen Blick unter Beweis stellen will, trete an zur nächsten Logoffelrunde:
Eine Kartoffel wird mit einem Messer und eventuell verschiedenen anderen Werkzeugen in interessant geformte Bestandteile zerlegt. Um kein Puzzleteil zu verlieren, wird jede klein gemachte Erdknolle in Plastiksäckchen gesteckt und dem Gegenspieler gereicht. Dieser packt aus und versucht auf einem Küchenbrett die Kartoffel wieder zusammenzubauen. Wie viele Minuten benötigt er dafür?

Tipp:
Da nicht jede Kartoffel gleich schwierig wieder zusammenzusetzen ist (weniger Teile, übersichtlichere Teilstücke …) wird jede Knolle mit permanentem Filzer gekennzeichnet. So ist es möglich, die Lösungszeiten verschiedener Spieler bei derselben Kartoffel miteinander zu vergleichen, um den schnellsten Logofellteilnehmer mit Chips oder Pommes zum Sieger zu küren.

18   Hamburger genial

Ein lustiges Gehirntraining verspricht das Spiel Hamburger genial. Es sättigt außerdem hungrige Mäuler und wird im Rahmen eines gemeinsamen Essens durchgeführt. Dazu benötigt man vielerlei Zutaten, mit denen Hamburger-Brötchen belegt werden können. Alle kleingeschnittenen Teile werden nach Sorten getrennt in Schüsseln in der Tischmitte angeboten.
Da gibt es Schinkenröllchen oder Hacksteaks, Salatblätter, Zwiebelringe, Tomatenscheiben, Maiskörner, Gurkenstreifen, Paprikaschnitze, Petersilie, Schnittlauch, Senf … und natürlich die obligatorischen Tuben Ketchup und Majo! Den Gruppenmitgliedern fallen sicher noch eine Menge ausgefallener Zutaten ein, die die Köche in Hochstimmung versetzen!

Das eigentliche Spiel beginnt jetzt: Ein Spieler darf sich eine bestimmte Reihenfolge des Hamburger-Belages ausdenken und sie notieren. Dann verliest er öffentlich die köstliche Rezeptur. Die anderen lauschen konzentriert und merken sich die Reihenfolge so gut sie können. Dann lautet die Aufgabe: Baue deinen Hamburger genau so nach! Wer also kann den korrekten Hamburger-Aufbau wiedergeben, noch ehe man sich das feine Mahl schmecken lassen darf?

19 Hoppla

Alle Spieler stehen im Kreis. Der Starter schickt eine taktile Post ab. Dabei kann es sich um einen Druck an dem kleinen Finger, um einen freundschaftlichen Popoklapps (mit der Hand oder mit dem Fuß), um ein Schulterklopfen, um ein Streicheln des Unterarmes und so weiter handeln, das jeweils an den Nebenmann weitergeleitet wird. Kommt das Zeichen dort an, so sagt der Empfänger „Hoppla" und schickt seinerseits die Post an den Nächsten weiter. Dieser ruft wiederum „Hoppla". Ruft er allerdings ein „Hoppla-Hopp", so bedeutet das einen Richtungswechsel für die taktile Post.

20 Simile

Immer zwei Teilnehmer bilden ein Spielerpaar. Jeder erhält einen Tischtennisball. Einer der Spieler lässt seinen Ball rollend über seinen Körper wandern. Vielleicht beginnt er mit einer Umrundung des Halses, wechselt die Hand und lässt den Ball hinunter zum Bauchnabel rollen, bewegt ihn einmal um den Nabel herum, um dann am rechten Bein entlang zu gleiten und so weiter.
Der Partner sitzt dabei gegenüber und beobachtet genau die Ballroute, denn er soll gleichzeitig und synchron seinen eigenen Tennisball auf die Reise schicken. Das ist gar nicht einfach, denn spiegelverkehrte Ausführungen sind nicht erwünscht!

III. Soziale Spiele

Hinter sozialen Spielen wird häufig eine Vermeidung von Leistungsaspekten vermutet – zu Gunsten eines stressfreien Schaffens in der Gruppe. Stress tritt jedoch nicht unbedingt erst dann auf, wenn es eine bestimmte Anzahl von Punkten oder Auszeichnungen zu erreichen gilt. Vielmehr geht es darum, dass sich die Gruppenmitglieder nicht innerlich isoliert und anonym in eine zwangsweise verordnete Gesellschaft scheinintegrieren müssen, sich quasi äußeren Anforderungen unterwerfen und sich dabei aber eigentlich oftmals recht hilflos und allein gelassen fühlen.

Einsamkeit ist ein wichtiger Schlüsselbegriff unserer heutigen Zeit und Gesellschaft. Wer sich einsam fühlt, hat Schwierigkeiten, sozial interaktiv zu werden. Er lebt ja selbst ohne echte Einbindung in einer Gruppe – wenn es auch nach außen hin anders aussieht – und arbeitet sozusagen wie der Trapezkünstler ohne festen Boden, vielleicht sogar ohne Netz. Es wäre sicher die Erwartung zu hoch gesteckt, von einsamen Menschen echte soziale Verantwortung fordern zu können, wo sie sich doch unentwegt ganz enorm um die eigene Sicherheit sorgen müssen.

So geht es in den folgenden Spielen zunächst darum, einander näher zu kommen, ein wenig in die Tiefe zu gehen, Verantwortung und beschützende Verhaltensweisen zu trainieren, damit sich die einzelnen Gruppenmitglieder beieinander gut aufgehoben wissen. Erst dann kann ehrliches, soziales Interesse gezeigt und der Weg zu fruchtbaren und auch unkorrupten Gruppenprozessen geebnet werden.

21 Kollegen-Treff

Jeder Teilnehmer überlegt sich einen Beruf: Bäcker, Automechaniker, Lehrer, Postbote etc. Im Raum verteilt üben nun alle im darstellenden Spiel für ihren Beruf charakteristische Handgriffe ein oder demonstrieren eindeutige Bewegungsfolgen. Der Markt-schreier darf durchaus auch lautstark seine Ware anpreisen. Für dieses Berufstheater wird fünf Minuten Zeit gegeben, schließlich sollen sich die Mitspieler ja untereinander beobachten! Wer gehört wohl zum gleichen Berufsstand? Die Teilnehmer dürfen aufeinander zugehen und sich befragen. Haben sich Kollegen gefunden, setzen sie sich an den Rand und geben von dort aus Tipps ab. War die Vermutung jedoch falsch, so setzt jeder seine Demonstration fort.

22   Finanzminister

Wie lange es wohl dauert, bis die Gruppe ein Säckchen voller Hart-geld gerecht aufgeteilt hat? Der Spielführer sollte natürlich bei Spielstart die Ausgangssumme genau kennen und auf die Anzahl der Teilnehmer abstimmen. Dann wird gezählt, addiert, dividiert und verteilt. Wenn es sein muss, wird ein Spielerpaar zum Geld wechseln geschickt, damit die Teilung genau aufgeht.

Tipp:
Ein begabter Finanzminister wäre hilfreich, der irgendwo die einzelnen Summen vermerkt und den Überblick über das Geschehen behält!

23   Dich kenn ich doch!

Wie gut kennen wir unsere Gruppenmitglieder? Hier wird's auf lustige Weise abgeprüft: Jeder Teilnehmer erhält eine Kopie mit fünf Fragen, zum Beispiel:

> Kennst du …
> 1. … alle Kinder mit grünen Augen?
> 2. … alle Kinder mit Schuhgröße 38?

> 3. ... alle Kinder, die von Mai bis Juli
>   Geburtstag haben?
> 4. ... alle Kinder, die schon mal operiert
>   worden sind?
> 5. ... alle Kinder, die dieses Jahr Urlaub
>   in Italien machen?

Fragen für weitere Spieldurchgänge dürfen ruhig von den Gruppenmitgliedern selbst gesammelt und vorgeschlagen werden.

24 Persönlich

Jedes Gruppenmitglied bringt einen Gegenstand von zu Hause mit, an dem es besonders hängt. Das kann ein Kuscheltier sein, eine besonders schöne Zierde aus dem letzten Urlaub, ein geerbter Taschenrechner, eine Zeitschrift oder auch das Foto von einer wichtigen Begebenheit oder Person. Alle Dinge werden vorsichtig auf einen Tisch gelegt und mit einem Laken abgedeckt. Bei Spielbeginn kramt der Starter geheimnisvoll unter dem Betttuch. Er entscheidet sich für ein Objekt, zieht es hervor und zeigt es in die Runde. Einer nach dem anderen darf seinen Tipp abgeben! Wer weiß, zu wem das gute Stück gehört?

25 Ein Freund, ein guter Freund ...

... das ist das beste, was es gibt auf der Welt ... Diese Erkenntnis ist natürlich nicht neu. Wie aber an solche Freunde kommen? Vielleicht gelingt es durch folgendes Spiel, die bestehenden sozialen Gefüge aufzubrechen, so dass neue Partner zueinander finden können:
In der Gruppe überlegt sich jeder Teilnehmer, welche von den anderen Personen ihm besonders imponiert und weshalb. Es sind

oftmals gar keine großartigen Sachen, die einem gefallen, wie zum
Beispiel jemand hat ein besonders perlendes Lachen, eine kann mit
ihrem Dialekt entwaffnend auf Menschen zugehen oder ein anderer
hat ein beeindruckendes System für die Ordnung seiner Arbeitsun-
terlagen entwickelt … Lauter Leute, mit denen man gerne näher
Kontakt hätte. Wer also auf wen gerne näher zukommen möchte,
wird ein Gespräch in trauter Atmosphäre ans Licht bringen: Ganz
offen darf jeder die Person seiner Wahl benennen und erklären, was
sie für ihn so interessant macht. Dann darf diese Person gefragt
werden, ob sie mit ihm einen Tag lang Freundschaft versuchen
möchte. Wie eng sich eine solche Verbindung auf Probe entwickeln
kann, wird die Zeit zeigen. Einen Versuch ist die Sache auf jeden
Fall wert.

26   Aktion Adlerauge

Auch hier wird die Sensibilität von Menschen für andere Menschen in den Mittelpunkt gerückt!
Erfahrungsgemäß kann jeder Jugendliche gewisse Dinge außeror-
dentlich gut wahr nehmen. Zum Beispiel welche neuen Sport-
schuhe der Freund heute trug, ob die Frisur der Lehrerin ätzend ist
oder nicht und so weiter.
Wie aber steht es mit der Wahrnehmungsfähigkeit von eher unan-
genehmen Realitäten? Dies beginnt bei ganz banalen Dingen wie
• die Mutter, die schon wieder einen Korb voll Wäsche bügelt
• die Nachbarin, die trotz Beinprothese schwere Gartenarbeit ver-
  richtet
• der Mitschüler, der tagtäglich jeden die Hausaufgabe abschrei-
  ben lässt, in der Pause aber einsam und alleine beim Kastanien-
  baum steht und so weiter.
Um große und kleine Nöte geht es, um allgemeine Probleme der
Gesellschaft oder um ganz konkrete Ungerechtigkeiten innerhalb
der eigenen Familie. Wer eine solche Not entdeckt hat, notiert sie
und beschreibt in der Gruppe ihre Erscheinungsform. Pro Entde-
ckung erhält jedes „Adlerauge" einen Pluspunkt, bei X Punkten

gibt es dann eine Plakette, die die aufmerksame Teilnahme am All-
tag bestätigt:

☺

Adlerauge
Alexandra

Gemeinsam können alle überlegen, wie man solchen kleinen und
großen Nöten begegnen kann.

27 Freundschaftsschachteln

Freundschaftsschachteln sind ganz einfach herzustellen und bereiten Menschen jeden Alters große Freude.
Man benötigt eine leere Zündholzschachtel, die mit Schmuckpa-
pier beklebt wird. Perlen, Pailletten oder Naturschmuck lassen die
Box in neuem Glanz erstrahlen. Was aber mag wohl in so eine
kleine Schachtel hineinpassen? Nun, alles eigentlich, womit man
der jeweiligen Freundin oder dem Freund eine Freude machen
kann. Wer möchte, steckt reale Gegenstände hinein, wie zum Beispiel drei große Gummibärchen für die Naschkatze, eine Glasmur-
mel für den passionierten Kindergartengolfer, einen angemalten
Stein für den Esoteriker oder ein Spinnenei etc. für Naturforscher.
Eigentlich gedacht sind solche Freundschaftsschächtelchen jedoch
für Inhalte symbolischer Natur. Für alles was man gerne weiterge-
ben möchte, sucht man im Katalog oder in Zeitschriften nach ein-
deutigen Bildern oder Symbolen. Diese werden ausgeschnitten und
im Tütchen versenkt.

 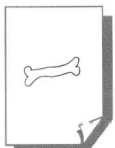 

Die verschlüsselten Geheimzeichen, die aus der Schachtel purzeln,
könnten beispielsweise bedeuten:

- Ich möchte mit dir einen Ausflug machen.
- Ich lade dich zum Essen ein.
- Danke für die Ausleihe der Comics.

Der Empfänger wird die Botschaft, die ganz allein für ihn bestimmt ist, schon richtig interpretieren können …

28 Magnet

Es geht um Sympathien! Wer hat sie für wen – wer fühlt sich zu wem hingezogen, ohne zu wissen weshalb. Wie spürt man so eine Affinität zu einem anderen Menschen? All diese Fragen sollen bei „Magnet" spielerisch aufgegriffen und thematisiert werden.

Zunächst stellen sich sämtliche Mitglieder der Gruppe frei in den Raum. Eine freundlich beschwingte Musik kann zu Hilfe genommen werden, denn jetzt, nach einer still schweigenden Orientierungsphase (wer steht wo …), soll jeder erste Schritte in Richtung seines Spielpartners unternehmen. Die Schritte werden langsam gesetzt und es dürfen Bedenkpausen eingelegt werden. Noch könnte man einen anderen Kurs einschlagen. Vielleicht wurde in der Menge ein Gesicht übersehen, dessen Besitzer eigentlich viel größere Bedeutung hat, als die vorschnell gewählte Zielperson …

Ist man sich dann seiner Wahl völlig sicher, hält man festen Kurs auf das Gruppenmitglied – ungeachtet der Richtung, die diese Person womöglich selbst einschlägt! Jeder stellt sich dann neben sein „Ziel". Dabei entstehen manchmal auch Zielgruppen, wo sich mehrere zu ein und derselben Person hinbewegen. Hier gilt es herauszufinden, ob es sich um einen echten Sympathieträger handelt oder ob irgendwelche Cliquenbildungen oder Bandenprozesse mit einem Anführer dahinterstecken. Und dessen „magnetische Ausstrahlung" wird natürlich erst recht unter die Lupe genommen werden müssen.

29 Notsignale

Bei diesem Spiel geht es um nonverbale Signale, die erkannt werden sollen. Alle Mitspieler laufen oder schlendern kreuz und quer durch den Raum, so als befänden sie sich auf einem gemütlichen Spaziergang. Einem unter ihnen wurde vor Spielbeginn ein Zettel in die Hand gedrückt, von dem er sein Schicksal ablesen kann. Im Laufe dieses Spieles soll ihn beispielsweise ereilen:

- eine Ohnmacht
- ein Sturz mit Verrenkung
- oder ein Herzinfarkt während des Joggens …

Während nun alle Mitspieler lustig lachend einher gehen oder sich miteinander unterhaltend in Gruppen auf dem Boden sitzen, überlegt sich der Hauptdarsteller, welche Notsignale er möglichst realistisch senden könnte. Dabei ist daran zu denken, dass sich Notsituationen häufig sehr lautlos und unauffällig ereignen. Wer also bemerkt zuerst, dass hier ein Mensch schwächelt oder sich sogar in ernster Gefahr befindet? Wie reagiert man in diesem Fall richtig? Inwiefern können die Umstehenden zusammen arbeiten, um die Notlage gemeinsam zu meistern?
Sicherlich kann dieses Spiel einen Ernstfall nicht vorweg nehmen, wohl aber Sensibilisieren für mögliche Situationen, in denen es lebenswichtig ist, zu erkennen, zuzugreifen und zu handeln.

30   Nachhilfe

Warum nur auf professionelle Lehrkräfte vertrauen, wenn mal in der Schule nachgeholfen werden muss? Die besten Nachhilfelehrer finden sich oft in der Gruppe selbst! Aus diesem Grund wird im Gruppenraum ein schwarzes Brett, ein Plakat für Neues oder eine Magnettafel etc. eingerichtet. Dort werden schriftlich formulierte Angebote oder Gesuche fixiert und mit Namen und Telefonnummer versehen.

> Biete einmal die Woche eine Stunde Latein an
> gegen ein Tatoo pro Einheit.

> Ich blicke in Mathe nicht mehr durch!
> Wer hilft mir vorübergehend bei
> der Hausaufgabe?
> Fahre dafür jeden Abend mit
> dir Inline-Skates.

> Suche jemand, der mir täglich zehn Minuten
> Vokabeln abhört.
> Überprüfe im Gegenzug deine Computeranlage.

Wichtig ist dabei, dass tatsächlich auch eine Gegenleistung erbracht wird. Besonders gerne eine, die ohne pekuniäre Mittel auskommt. So wird zum einen der Wert der Nachbarschaftshilfe gesehen und gewürdigt und außerdem werden darüber hinaus weitere soziale Interaktionen in Gang gebracht.

31 Topf und Deckel

Im Vorfeld dieses Partner-/Suchspieles muss der Spielführer genügend Gegenstandspaare notieren und herbeischaffen, die logisch
zueinander passen könnten. Zum Beispiel:

> Stift – Radiergummi
> Hose – Gürtel
> Topf – Topflappen
> Korken – Glas
> Schal – Halsbonbon
> Apfel – Apfelkompott
> …

Es sind so viele Gegenstandspaare nötig, wie die halbe Anzahl an
Gruppenmitgliedern! Die gesamte Gruppe wird nun in zwei Hälf-
ten geteilt. An die Mitspieler der ersten Hälfte werden nun die links
stehenden Gegenstände ausgegeben. Die Sachen der rechten Spalte
werden anschließend an die zweite Gruppenhälfte verteilt. Die
Ausgabe der Utensilien sollte möglichst so vonstatten gehen, dass
keiner sieht, was der Nächste bekommt. Dann gehen die Spieler
durch den Raum und befragen sich gegenseitig, zum Beispiel: „Ich
habe etwas zum Schreiben. Hast du etwas, das dazu passt?" Die
Paare, die einander gefunden haben, setzen sich und dürfen den
anderen bei ihrer emsigen Suche zusehen.

IV. Körperspiele

Unser Körper hat einiges damit zu tun, wie wir unser Innerstes mit ihm in der sozialen Umwelt repräsentiert fühlen – ob wir uns so in ihm zu Hause fühlen, dass wir uns Berührungen oder Anstrengungen gewachsen fühlen. Um beide körperlichen Qualitäten geht es

in diesem Kapitel: Zum einen dürfen Temperaturreize sowie Streicheleinheiten durch die Hände der Mitspieler erspürt werden, andererseits werden die Körper auch in sportlicher Hinsicht auf Dynamik, Freude an der Bewegung und Geschicklichkeit hin getrimmt. Von der Selbstwahrnehmung und dem Selbstbild, das man vom eigenen Körper hat, hängt wesentlich das Selbstwertgefühl ab, das ein Mensch besitzt. Und wer sich selbst als im Kern gut, gesund, kräftig empfindet, hat es nicht nötig, andere klein zu machen. Wiederum ein wesentlicher Aspekt also bei der Diskussion um die Faktoren, die harmonische Gruppenprozesse ins Fließen bringen können.

32 Thermomix

Bei Thermomix wird es den Spielern mal kalt und mal heiß! Zwei normale Luftballons werden gefüllt, einer mit eiskaltem, der andere mit gut warmem Wasser. Dabei wird solange Wasser von oben in den Ballonhals eingefüllt, bis der ungedehnte Gummi in etwa voll ist. Er soll nicht anfangen sich zu dehnen. Jetzt noch ein fester Knoten, dann kann das Spiel beginnen: Der erste Spieler tritt nach vorn und lässt sich die Augen verbinden. Mit geschlossenen Augen lässt es sich nämlich viel besser auf die anderen Sinne konzentrieren. Dann überraschen ihn zwei weitere Spieler mit jeweils kurzen Berührungen, in dem sie einen Ballon an seine Wange (an die Hand, den Schenkel, auf den Hinterkopf …) drücken. Welcher Ballon war es? Warm oder kalt? Der „Blinde" bekommt die Temperaturimpulse natürlich in willkürlicher Reihenfolge und soll sofort bei ankommendem Impuls die richtige Antwort nennen. Wenn die Ballons sehr flott hintereinander an den verschiedensten Körperstellen landen, ist die Temperatur oft gar nicht so einfach auszumachen …

Tipp:
Das nächste oder übernächste Spielertrio bereitet neue Ballons vor, da sich die Wassergrade während des Spielens natürlich verändern.

33   Doppelgips

Die Spieler bilden Paare, wobei jedes Paar ungefähr gleiche Körpergröße haben sollte. Beide blicken in die gleiche Richtung und stellen sich seitlich eng nebeneinander. Nun werden die beiden zusammentreffenden Beine – also das Rechte des links und das linke Bein des rechts stehenden Spielers – mit einer Rolle Klopapier schön ordentlich von unten nach oben umwickelt. Ist der Doppelgips angelegt (das Ende umschlagen oder mit Krepp fixieren), geht's auf zur Staffel. Die Paare treten auf einer Linie an zur Geh-Stafette. Welche Zweiergruppe erreicht als erste die Zielmarkierung ohne dass das Papier reißt?

34   Betttuchgespenster

Der Spielführer holt vor Spielstart möglichst unbemerkt fünf Personen vor die Türe. Einer von ihnen wird sogleich mit einem Betttuch verhüllt hereingeholt und stellt sich in die Raummitte. Die umsitzenden Mitspieler dürfen nun der Reihe nach antreten. Jeder Teilnehmer hat einmal für X Sekunden Gelegenheit, das Betttuchgespenst zu identifizieren. War jeder dran, dann werden die Vermutungen laut ausgerufen. Toni! Klara! Tim …! Doch gleich wird man erfahren, wer richtig liegt, bei der spannenden Demaskierung des Leintuchmonsters.

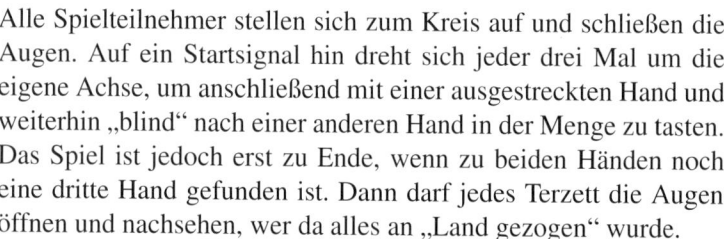

35   Finger-Kreiseln

Alle Spielteilnehmer stellen sich zum Kreis auf und schließen die Augen. Auf ein Startsignal hin dreht sich jeder drei Mal um die eigene Achse, um anschließend mit einer ausgestreckten Hand und weiterhin „blind" nach einer anderen Hand in der Menge zu tasten. Das Spiel ist jedoch erst zu Ende, wenn zu beiden Händen noch eine dritte Hand gefunden ist. Dann darf jedes Terzett die Augen öffnen und nachsehen, wer da alles an „Land gezogen" wurde.

36   Deckel-Stepp

Hier kommen nicht nur Tanzfans auf ihre Kosten. Auch wer nichts von eleganter Körperakrobatik hält, amüsiert sich bestimmt köstlich beim „Deckel-Stepp". Dazu benötigt jeder Teilnehmer ein Paar alter Schuhe und außerdem vier Metallplättchen, die mit doppelseitigem Klebeband oder Heißkleber jeweils vorne und hinten auf die Schuhsohlen geheftet werden. Solche Metallstücke lassen sich beispielsweise bei der Wertstoffsammelstelle finden. Oder aber man umwickelt die Deckel von kleineren Konservendosen mit Isolierband und funktioniert sie so zu klappernden Aufsätzen für die Steppschuhe um. Wer besonders dicke Sohlen hat, kann es auch mit flachen Schraubdeckelverschlüssen versuchen! Dann kann es losgehen! Auf Asphalt oder Steinböden klingt die Sache recht beeindruckend!

Tipp:
Wer dem Tanz noch eine professionelle Note geben möchte, besorgt sich vorher eine Broschüre in der einige echte Stepp-Schritte beschrieben werden. Auf technische Übergenauigkeit sollte es bei diesem Spiel allerdings nicht ankommen.

37   Makarena

Der Tanz wurde bekannt wegen seiner ausgefallenen Hand- bzw. Körperchoreografie. Abwechselnd werden die Hände über Kreuz gelegt: Die rechte Hand berührt die linke Schulter, die linke Hand berührt die rechte Schulter, die linke Hand berührt die rechte Hüfte und die rechte Hand die linke Hüfte. Die rechte Hand berührt den linken Oberschenkel, die linke Hand den rechten Oberschenkel. Dann berührt die rechte Hand die linke Gesäßseite, die linke Hand die rechte Gesäßseite und anschließend wird mit dem Becken gekreist. Schließlich wandert die linke Hand hinters linke Ohr, die rechte Hand hinters rechte Ohr und bei der Schulter schließt sich der Kreis.

Diese Reihenfolge ist jedoch nicht verbindlich. Man suche sich also ein Lied, das der Gruppe gefällt. Es sollte einen schnelleren, gleichmäßigen Rhythmus aufweisen. Und nun darf körperlich experimentiert werden, mit Links, mit Rechts, mit Oben oder Unten und im Kreis herum.

38   Ausredenfangus

Bei dem Fangspiel sucht die Gruppe nach dem jeweiligen Thema für jeden Spieldurchgang: Einmal verkörpern alle Teilnehmer Blumen, ein anderes Mal sind es Tiere, auch Berufe oder einfache Repräsentanten einer Familie wie zum Beispiel Omas, Papas, Kleinkinder und so weiter können dargestellt werden. Dann kommt es darauf an, dass die Spieler sich in ihrer jeweiligen Themenrolle eine besonders schlagfertige Ausrede einfallen lassen.

Beispiel:
Alle Mitspieler verwandeln sich in Omas, auch die Buben! Man sieht es zwar keinem an, denn trotz Omas-Status darf jeder sausen, so schnell er kann, doch wenn der Fänger eine Oma erwischt, dann kann man hören, dass es sich um ein altes Mütterchen handelt. Wenn ihr nämlich rasch eine gute Ausrede einfällt, muss der Fänger sie wieder laufen lassen. Und was für eine Ausrede hat Oma parat? Sie sagt beispielsweise: „Es tut mir leid, ich kann nicht mit ihnen kommen, ich habe meine Turnschuhe im Altenheim vergessen." Tja, ob das Argument sticht oder nicht entscheidet der Fänger. Hält er die Ausrede für unpassend, muss Ömchen auf die Strafbank und hat eine Minute Aus-Zeit.

39   Brustball und Co.

Alle Mitspieler stellen sich zu einem neuen und lustigen Ballspiel auf. Jeder zu jedem – lautet die Devise! In welcher Balltechnik jedoch gespielt werden soll, entscheidet der Gruppenleiter: Er hat

verschiedene Bildkarten vorbereitet, jede zeigt eine andere Körper-
stelle, zum Beispiel

Sobald der Spielführer eine dieser Karten hochhält, wechseln die
Spieler ihre Technik! Die Kniekarte bedeutet, alle Teilnehmer dürfen den Ball ausschließlich mit ihren Knien annehmen, abstoppen
und weiter geben. Liegt der Ball erst mal am Boden, wird es
schwierig. Da kann man sehen, wie man das runde Ding per Knie-
kick wieder in die Höhe bekommt! Tja, und bei der Popo-Variante
wird es wohl oder übel irgendwann auf den Vierfüßlerstand im
Rückwärtsgang hinauslaufen, damit der Ball ins Rollen kommt.

Tipp:
Ein Tor, in das getroffen werden soll, erhöht natürlich den Sport-
geist!

40   Balltreiben mit Handicap

Die Aufstellung der Spieler erfolgt wie beim „Schwarzen Mann":
ein Spieler, der Spielführer und die restlichen Teilnehmer stehen
einander mit reichlich Abstand gegenüber. Jeder außer dem Spielführer bekommt einen Ball zugeteilt, den der einzelne Spieler nun
auf Geheiß des Spielführers in einer bestimmten Technik voran
treiben muss, zum Beispiel:

- mit der rechten Ferse
- mit der Brust
- mit dem kleinen Finger
- rückwärts mit dem Popo ...

Pro Hallendurchquerung wird eine neue Disziplin verhängt und es gibt mit Sicherheit jede Menge Spaß dabei.

Tipp:
Legen Sie eine Karte mit allen erdenklichen Varianten an und führen Sie öfter mal eine solche Balltrieb-Wettstaffel durch.

41   Symbolspringen

Auf den Asphalt wird mit Straßenkreide ein Kästchenhüpfspiel mit mindestens so vielen Feldern aufgemalt, wie Symbole vorhanden sind oder Wiederholungen der Symbole gewünscht sind. Die einzelnen Kästchen brauchen dabei nicht wesentlich größer zu sein, als ungefähr der größte Fuß der Gruppenmitglieder. Jetzt werden etwa acht Symbole ausgewählt, jedes wird gut sichtbar mit Farbe auf ein Blockblatt gemalt, zum Beispiel

Die Mitspieler dürfen diese Symbole dann auch auf die Asphaltkästchen malen, wobei darauf zu achten ist, dass nicht viele gleiche Symbole nebeneinander zu liegen kommen.

Nun kann gespielt werden: Zwei Teilnehmer stehen am Hüpffeldrand und halten je die Hälfte der Symbolkarten verdeckt vor sich. Je nach Größe des Hüpffeldes gehen gleich mehrere Springer an den Start. Sie stellen sich auf ein beliebiges Kästchen und warten ab, bis die erste Symbolkarte hoch gehalten wird. Alle Springer suchen schnell nach dem nächst gelegenen Kästchen mit eben diesem Symbol und hüpfen dort hinein. Sind mehr Springer unterwegs als solche Kästchen vorhanden, macht das gar nichts, denn so wird besonders deutlich, wer flott reagieren kann.

V. Willensspiele

Damit es in der Gruppe halbwegs gepflegt zugeht, sollten sich natürlich die jeweiligen Mitglieder so weit beherrschen können, dass nicht unentwegt eine gemeinschaftliche Unternehmung durch irgendwelche Animositäten oder Quengeleien Einzelner unterbrochen wird. Um das Zurückstellen spontan auftretender Bedürfnisse geht es in folgendem Kapitel, beziehungsweise darum, wie ein Ziel konsequent und ohne „Durchhänger" bis zum Ende verfolgt wird. Ja, bei einigen Spielen ist durchaus auch Leistung gefragt, sogar persönlicher Einsatz mit dem Ansinnen, den Partner eventuell zu übertreffen. Wie soll man sonst mit derlei Erlebnissen – für den einen erhebend, für den anderen die blanke Schmach – im künftigen Berufsleben adäquat zurechtkommen, wenn nicht im Spiel das Siegen- und Verlierenkönnen geübt worden ist. Gemeint ist das bloße Durchhalten mit der Hoffnung (denn ohne die geht es nirgends) es vielleicht doch schaffen zu können. Das Kapitel hält aber auch weitere Spiele bereit, wo es auf Körperkontakte, gedanklich-verbale Beharrlichkeit und die Kontrolle des Willens ankommt.

42   Fastenkur

Gemeinsam einen festen Willen unter Beweis zu stellen, gelingt oft leichter, als wenn man sich alleine zu besonderen Höchstleistungen anspornt. In diesem Fall handelt es sich um ein Gruppenfasten, das den Verzicht auf x-beliebige Lebensmittel, Süßigkeiten, Soft-Drogen, schlechte Angewohnheiten etc. zum Ziel haben kann. Jede Gruppe entscheidet für sich, welche Form des Sein-Lassen-Könnens sie üben möchte. Denkbar ist aber auch ein Wochenplan, aus dem zu ersehen ist, welches Gruppenmitglied individuell auf welche Sache verzichtet. Zum Zeichen dafür, dass das Fasten bis zum Tage xy durchgehalten wurde, klebt jeder Teilnehmer seinen

Namen in die jeweilige Spalte des Wochenplanes, die die Überschrift trägt: Geschafft!

43 Twin-Stick

Zeichnen mit einer Hand ist nichts besonderes, das kann wirklich
jeder. Wie aber sieht es aus, wenn mit beiden Händen gleichzeitig
auf einem großen Bogen Papier gemalt werden soll? Probieren
geht über studieren. Jede Hand schnappt sich einen Stift, am besten
Kugelschreiber oder Wachsmalkreide. Diese Schreibgeräte drehen
sich leichter bei einem Richtungswechsel – dies gilt besonders für
die „ungeschickte" Hand. Dann überlegt man sich in etwa ein
Motiv, das aus zusammenhängenden Linien bestehen soll und
beginnt zu malen. Dabei führen Rechte und Linke gleichzeitig die
gleichen Bewegungen aus – allerdings spiegelverkehrt.

Varianten:
• Beide Hände malen genau dasselbe nebeneinander.
• Beide Hände malen genau dasselbe übereinander.

44 Völker-Softies

Das altbekannte Völkerballspiel ist unter bestimmten Voraussetzungen wesentlich besser als sein Ruf. Häufig wird es als aggressiv
getöntes Beispiel betrachtet. Ein selbstbewusstes Herangehen an
Dinge ist heutzutage aber durchaus erwünscht. Ohne diese Fähigkeit wird sich bald keiner mehr trauen, eine Angelegenheit beherzt
in die Hand zu nehmen. Warum also nicht die Fähigkeit schulen,
sich Angriffen zu stellen, selbst Angriffe vorzunehmen oder tak-
tisch kluge Ausweichstrategien zu entwickeln! Völker-Softball ist
die Alternative. Der Ball ist weich und die Spieler müssen sich
nicht mehr aus Angst vor schmerzhaften Treffern verstecken. Sie
lernen sich willentlich zu überwinden und der Gefahr ins Auge zu
blicken. Auch zum Abbau von Aggressionen bestens geeignet!

45 Erfolgsleiter

Paare werden gebildet. Jedes Spielerpaar setzt sich aus körperlich ungefähr gleich starken Partnern zusammen. Dann wird zur „Erfolgsleiter" geschritten. Eine Sprossenwand eignet sich besonders gut für dieses Spiel, bei dem ein Partner versuchen wird, die Leiter Stufe für Stufe zu erklimmen, während der andere ihn durch

Ziehen daran hindern wird. Erlaubt sind allerdings nur gewaltlose Einschreitungen. Derjenige, der auf die Leiter steigt, darf sein Ziel ebenfalls nur durch willenstarkes Aufbieten aller Kräfte verfolgen. Das Treten mit den Füßen nach dem Hemmschuh ist strengstens untersagt!

Wer wird Oberhand gewinnen? Der Klotz am Bein, der den Partner unbedingt hinunterziehen möchte oder aber der aufstrebende Gegenspieler?

46 Mensch KNUSPERNICHT

Diese leckere Variante des Mensch-ärgere-dich-nicht-Spieles hält anstatt der farbigen Plastikhütchen bis zu vier verschiedene Arten von Leckereien bereit, zum Beispiel vier Rosinen, vier Haselnuss-kerne, vier Cashew-Kerne ...

Gespielt wird wie üblich auf einem Mensch-ärgere-dich-nicht-Spielbrett: Sobald Spieler 1 eine Sechs gewürfelt hat, darf er seinen „gesunden Spielstein" an den Start schicken. Die Spielregeln unterscheiden sich eigentlich nur in einem Punkt: Trifft eine feind-liche Cashew-Nuss auf das gleiche Feld wie eine Rosine, so wird die Rosine nicht herausgeworfen und auf ihr Außenfeld zurückge-schickt, sondern einfach vom Cashew-Kern-Spieler aufgegessen. Da wird die Geduld schon auf eine harte Probe gestellt, wenn die Spielsteine gar nicht mehr neu an den Start gehen, sondern einfach im Mund des Gegenspielers auf Nimmer-Wiedersehen verschwin-den. (Außer man gestattet einen gewissen Vorrat an Spielsteinen für die echten Notfälle ...)

Wer mag, erfindet ein selbstgezeichnetes brandneues Spielbrett, das im Outfit zu den vitaminreichen Spielsteinen passt. Wenn es laminiert wird, ist es praktisch unverwüstlich und dient für viele weitere Spieldurchgänge in der Gruppe.

Spiel für zuhause

47   Schlüsselring

Alte Schlüssel an Schlüsselringen stehen im Mittelpunkt dieses
Spieles, bei dem es sicherlich auf Geschicklichkeit, noch mehr aber
auf die Willenskraft ankommt. Bis zu fünf Spieler gehen gleichzeitig an den Start. Ihre Anzahl hängt aber generell von dem Vorrat an
Schlüsseln und Schlüsselringen ab. Jeder sollte mindestens sechs
Schlüssel auf einen solchen Schlüsselring aufziehen können.
Wichtig dabei: Jeder einzelne Schlüssel muss komplett in den Spi-
ralring eingeführt werden, ehe der Spieler zum nächsten greift. Auf
die Plätze, fertig, los! Wer schafft die meisten Schlüssel? Bestimmt
derjenige, der seine Emotionen dem Willen unterordnen kann.
Denn so eine Ringklammer könnte einen schon wirklich zur Ver-
zweiflung bringen.

48   Gut gekontert

Es bedarf schon einiger Beharrlichkeit und eines ausgeprägten
Durchsetzungsvermögens, wenn man in größeren Gesprächsrunden eine eigene Meinung herausstellen, sie begründen und nach
Möglichkeit auch noch durchfechten soll! Da tut Übung Not!
Gemeinsam mit dem Gruppenleiter werden verschiedene altersge-
mäße provokative Themenstellungen erarbeitet und zusammengetragen, wie zum Beispiel

Kein Bock aufs Sozialamt
Vegetarier leben ungesund
Mülltrennung ist überflüssig
Mobbing gibt es schon im
Kindergarten ...

Bei Spielbeginn notiert der Spielführer dann eine davon ausge-
wählte Überschrift an der Tafel. Vorher unbemerkt drückt er einem
Mitspieler eine Holzperle oder Ähnliches in die Hand. Dieser Spie-

ler also wird es sein, der eine eigene Meinung zum vorgegebenen Thema einnehmen soll und dieselbe auch vor der Gruppe verteidigen wird. Ob es ihm gelingt, sachlich zu bleiben und möglichst viele Argumente anzuführen, wird sich zeigen. Insbesondere dann, wenn die Gruppe zum Diskussionsende denjenigen heraus finden soll, der im Besitz der Perle ist.

49 Cantabile

Starken Willen kann man beim Musizieren unter Beweis stellen! Ein Kanon soll gesungen werden: Je weniger Sänger pro Durchgang, desto schwieriger gestaltet sich das Durchhalten der eigenen Stimme. Zu zweit gesungen stellt der Kanon für viele Teilnehmer eine echte, aber auch unterhaltsame Zumutung dar. Allzu schnell lässt sich manch einer von der Tonlage des anderen beeinflussen, traut den eigenen Ohren nicht und wird völlig aus dem musikalischen Konzept geworfen.
Aber: Übung macht den Meister – und wer es wirklich schaffen möchte, dem wird es auch gelingen.

50 Geisterbahn

Bei diesem Spiel muss man sich gut unter Kontrolle haben, stehen einem doch schon so manches Mal richtig die Haare zu Berge! Alle Mitspieler begeben sich nämlich in eine Geisterbahn. Dies tun sie, indem sie alle Lichter im Raum löschen. So sitzen sie in nachtschwarzer Dunkelheit auf Stühlen im Kreis. Plötzlich öffnet sich die Türe und eine Gestalt huscht herein! Dieser vorher bestimmte „Geist" hatte genügend Zeit, sich auf seine Aufgabe vorzubereiten. Er hält einen Korb mit merkwürdigen Utensilien in der Hand, zum Beispiel eine Feder, ein gefrorenes Kühlelement, eine Kugel Knetschleim, eine Taschenlampe etc. Wer Fantasie hat, findet noch viel mehr Dinge, mit denen man die Mitspieler erschrecken kann. Gibt es jemanden, der nicht zusammenzuckt, wenn plötzlich ein Licht-

kegel auftaucht, wenn etwas Fedriges sein Ohr kitzelt, wenn etwas aus der Dunkelheit eiskalt und blitzschnell an den Hals fährt …?
„Don't panic" ist das Motto! Wer spitze Schreie ausstößt ist noch nicht cool genug und muss sich weitere Runden in der Geisterbahn antun.

51   Grinsen verboten

Mal sehen, wer diesem Verbot Folge leisten kann!
Alle Spielteilnehmer setzen sich zu einem Kreis. In dessen Mitte wird eine leere Flasche gedreht und somit ein Spielerpaar ermittelt. Der Spielführer bestimmt nun, wer den aktiven und wer den passiven Part im Spiel übernehmen soll. Der aktive Spieler hat nun die Aufgabe, sich vor den Partner zu setzen und ihn durch lustige Verrenkungen und witzige Grimassen komödiantisch geschickt zum Lachen zu bringen. Der andere allerdings muss die Zähne aufeinander beißen und dabei todernst dreinschauen. Gelingt es ihm über zehn Sekunden hinaus sich das Grinsen zu verkneifen, hat er einen Punkt oder ein Gummibärchen oder Ähnliches gewonnen. Er muss aber dennoch als nächster Entertainer in die Kreismitte steigen, um erneut durch Flaschendrehen den Partner zu eruieren, welchen nun er zum Lachen bringen muss.

VI. Vertrauensspiele

Eine Atmosphäre des Vertrauens ist Voraussetzung für konstruktive Gruppenprozesse. Deshalb sollte man nicht darauf verzichten – auch wenn die Gruppe bereits seit langem zusammengehört – immer wieder Übungen, Spiele oder Gesprächsrunden einzubauen, die jedem Mitglied die erneute Sicherheit geben, richtig dazuzugehören und sich anderen anvertrauen zu dürfen. Auch wenn es zum Beispiel einen Vorfall gab, der einen Gruppenteilnehmer ein wenig in schlechtes Licht gerückt hat – immer wieder gibt es eine Chance, den Draht zu den anderen in Spannung zu halten, um nicht abzurutschen in eine Außenseiterrolle und damit in die Einsamkeit.

Grundsätzlich Vertrauen stärkend wirken aber auch jene Spiele, die gemeinsam durchgeführt werden und keinen Leistungsaspekt in den Vordergrund stellen. Wenn es darum geht, besser, schlechter, schneller oder langsamer zu sein, bleibt das harmonische Miteinander nur allzu oft auf der Strecke.

Es gibt aber auch Vertrauensspiele, wo sich gezielt einer dem anderen in gewisser Weise – verbal oder körperlich – ausliefern muss und dann erfährt, ich kann mich jederzeit an andere wenden und muss keine Angst haben.

Eine tragende Rolle, wenn es um den Aufbau von Vertrauen geht, spielt natürlich der Gruppenleiter. Von ihm hängt es wesentlich ab, ob sich die Gruppenmitglieder gleichberechtigt und damit gleichwertig empfinden, ob misstrauisch nach Versäumnissen geforscht wird oder ob großzügig ein Vertrauensvorschuss gewährt wird, der den Kindern selbstständiges Handeln und damit die Entwicklung von Autonomie ermöglicht. Denn wer lernen darf, sich selbst etwas zuzutrauen, sich selbst zu vertrauen, findet viel leichter seinen Platz innerhalb der Gruppe und kann sich dort auch vertrauensvoll einbringen.

52 Vertrau mir

Ein bekanntes Vertrauensspiel ist das Umkippen ins Ungewisse. Dabei stellt sich die ganze Gruppe zu einem engen Kreis auf, der erste Spieler postiert sich in der Kreismitte. Dort dreht er sich ein-, zwei-, dreimal um die eigene Achse und lässt sich dann irgendwo steif nach rückwärts fallen. Alle übrigen Teilnehmer sind aufs Äußerste konzentriert, damit auch nicht einer die Landung des Gruppenmitgliedes verpasst! Alle greifen zu und fangen den Vertrauensseligen auf. Auch wenn der sich nie so ganz sicher war – jetzt weiß er es gewiss – auf die Gruppe ist Verlass.

53 Don't panic

Nach diesem Gruselspiel haben Angsthasen vielleicht bald ein paar Problemchen weniger. Gemeint sind aber nicht solche Ängste, wie jeder Mensch sie hat. Es geht um die spezielle Furcht, zum Beispiel um die Furcht vor Spinnen; andere ekelt es vor Fischen. Auch Regenwürmer, Weberknechte oder Mäuse sind weit verbreitete Objekte der Angst. Selbst Katzen- oder Hundephobien sind nicht zu verachten. Schließlich könnte einem doch jederzeit ein solch verhasstes Exemplar über den Weg laufen … Deshalb soll mit Hilfe dieser Desensibilisierungsspiele und mit Hilfe der Gruppengemeinschaft solchen Ängsten zu Leibe gerückt werden! Wer unterwegs auf eine Spinne trifft, bringt sie mit in die Gruppe und setzt sie hinter Glas. Begonnen wird natürlich mit ganz kleinen „Modellen". Jeder nimmt am Sitzkreis teil und gibt das Marmeladenglas mit spinnigem Inhalt weiter, nicht ohne wenigstens einen kurzen Blick darauf geworfen zu haben. Das Tierchen wird genau beschrieben und anschließend gemalt bzw. gezeichnet. Wem gelingt das echteste Abbild der Natur? Die nächste Sitzung kann dann schon ein anderes Tier zum Thema haben.
Sämtliche Tierbeschreibungen, Beobachtungen und Zeichnungen werden in einem selbst angelegten Anti-Angstheft gesammelt und dienen als Beweis für das tapfere Angehen einer Furcht.

Wenn auch die Gruppentherapie nicht von hundertprozentigem Erfolg gekrönt sein wird – das macht nichts, denn zumindest ist sie eine Möglichkeit zum Selbstmanagement für Fälle von Angst: Was tut man, wenn die Angst kommt? Man schaut ihr mutig ins Gesicht.

Tipp:
Natürlich sollen auch andere Ängste angegangen werden können, zum Beispiel mit Probeaufnahmen via Kassettenrekorder bei Angst vor Referaten oder Selfmade-Videoclips über Vorstellungsgespräche und so weiter.

54   4 × 4, hier!

Wenn die Großgruppe problemlos und ohne Diskussionen in Kleingruppen eingeteilt werden soll, dann leistet ein Krimskrams-Sack große Dienste. In ihm befinden sich Gegenstände in der Anzahl der Gesamtgruppenmitglieder. Der Trick dabei: Jeder Gegenstand ist so oft vertreten, wie die gewünschte Anzahl der Kleingruppe, die gebildet werden soll. Will man zum Beispiel in Vierergruppen einteilen, befinden sich in dem Sack beispielsweise vier Plüschtiere, vier Mandarinen, vier Stifte etc. Jeder Mitspieler entnimmt einen Gegenstand. Keine Frage, wer sich nun zusammentun wird!

Auf diese Weise gibt es keine Mauerblümchen beziehungsweise übrig gebliebene Gruppenmitglieder, die ansonsten wieder bis zuletzt und für alle sichtbar warten mussten, bis sie notgedrungen in die Mannschaft hinein gewählt werden müssen.

55   Orientiert

Dieses Spiel bietet sich ebenso für gemischt geschlechtliche Gruppen (wie im nachfolgend erläuterten Beispiel), aber auch genauso gut für homogene Gruppen an. Im ersten Fall werden jeweils ein Junge und ein Mädchen durch Losziehung zu Paaren zusammengeführt. Sämtliche Jungennamen stehen auf grünen Losen, die Mädchen auf blauen. Die Mädchen greifen in den grünen Topf und die Buben in den blauen Losetopf. Dann sollen sich alle Paare für die Dauer von X Minuten auf einen Spaziergang, zum Beispiel zum nahegelegenen Spielplatz, begeben. Handelt es sich um eine neu gebildete Gruppe, bei der alle Teilnehmer einander noch fremd sind, so lautet die Aufgabe: Liefere nach Beendigung der Laufrunde eine Beschreibung deines Gegenübers ab!

Kennen sich die Gruppenmitglieder bereits, so wird eine differenzierte Aufgabenstellung erteilt:

Was kannst du beschreiben an deiner/deinem Partner/in, was dir bislang nicht aufgefallen war?

Das Spiel baut Ängste zwischen den Gruppenmitgliedern ab, da für jedes Paar ein zeitlich garantierter Schutzraum festgelegt wird, in dem die beiden ohne Zuhörerschaft und zwanglos aufeinander zugehen dürfen.

56 Kleine Pause

Die gemeinsame Entspannung in der Gruppe kann sehr verbindend sein. Bei diesem Entspannungsspiel werden mit oder ohne Musik verschiedene Körperteile der Reihe nach bewusst wahrgenommen und entspannt. Dabei sollte auf eine ruhige und gleichmäßige Bauchatmung geachtet werden. Da bei ersten Versuchen oftmals der nötige Ernst fehlt oder Mitspieler sich eventuell genieren, ist es wichtig, diese Ruhephasen regelmäßig und in kleinen, leicht verdaulichen Portionen einzuführen. Manche Teilnehmer entwickeln großen Ehrgeiz, neue Sprechtexte zu erfinden, nach denen die Ruheübungen durchgeführt werden. Hat ein Gruppenmitglied eine tiefe, klangvolle Stimme, ist es besonders geeignet den Text zu sprechen. Auf keinen Fall sollte ein an die Meditationsphase anschließender Erfahrungsaustausch fehlen!

Beispiele für zwei verschiedene Entspannungstexte:

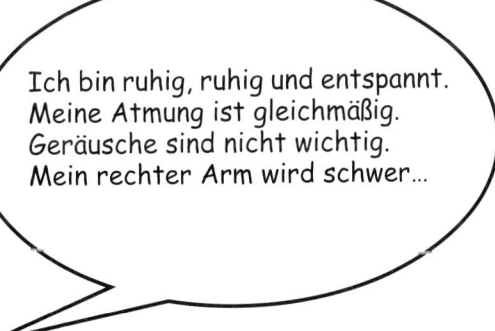

Ich bin ruhig, ruhig und entspannt.
Meine Atmung ist gleichmäßig.
Geräusche sind nicht wichtig.
Mein rechter Arm wird schwer...

> Ich schließe die Augen.
> Das Licht bleibt in mir.
> Gelb und warm fließt es
> in meinen Bauch.
> Gelb und warm fließt es
> in die Arme ...

Tipp:
Diese Übungen können im Liegen auf warmen Unterlagen oder im Sitzen (Droschkenkutschersitz) durchgeführt werden.

57   Der Schatz im Sandsee

Wer traut sich, da hinein zu greifen? Ein Karton wird mit zwei Löchern versehen, die so groß sind, dass jedes Gruppenmitglied die Unterarme hindurch schieben kann. Hinter der Kiste befindet sich eine für den Greifer nicht einsehbare Schüssel oder eine kleine Wanne, die mit Sand gefüllt ist. Die Sandschüssel wird vom Schüsselwächter betreut. Er sitzt dem jeweiligen Spieler gegenüber und versenkt für jeden neuen Teilnehmer ein oder zwei kleine Utensilien im Sand. Dabei kann es sich um eingewickelte Bonbons, Steine, Rosinen (die natürlich nicht gegessen werden), Stücke einer Orangenschale oder auch schon mal um eine kleine Gummispielzeugschlange handeln, brrr.
Der erste Spieler geht an den Start, er setzt sich auf einen Stuhl vor der Kiste und steckt beide Unterarme durch die Löcher. Dort suchen die Hände den Sand und wühlen vorsichtig in ihm herum, bis der oder die Schätze geborgen sind. Können die Fundstücke richtig benannt werden?
Zur Belohnung dürfen die Bonbons verspeist oder aber Scherz-Schätze wie Orangenschalen gegen eine andere Süßigkeit eingetauscht werden.

58 Stille Flamme

Stille Flamme ist ein Spiel, das man gut zu Beginn einer Gruppen-
stunde einsetzen kann. Ruhig und miteinander warm werden sind
die Ziele. Dazu setzen sich alle Beteiligten im Kreis auf den
Boden. Das Licht wird gelöscht und die Fenster verdunkelt! Der
Gruppenleiter stellt dann eine brennende Kerze in die Kreismitte.
Vielleicht wird dazu ein Begrüßungslied gesungen oder man unter-
hält sich noch ein paar Minuten, dann gilt es: „Stille Flamme!" Das
bedeutet für die Teilnehmer nun mäuschenstill zu werden und sich
nicht mehr zu bewegen. Die Stille wird eine Weile gehalten, und
mit jedem Spieldurchgang noch etwas länger ausgedehnt. Es ist gar
nicht so leicht, auf jegliches Ventil zur Abfuhr von inneren Span-
nungen zu verzichten. Durch regelmäßiges Üben wird das gemeinschaftliche Schweigen immer vertrauter.

59 Marionettentheater

Auch bei diesem Spiel müssen sich zwei Spieler ganz aufeinander
abstimmen. Einer von ihnen stellt nämlich die Marionette dar, der
andere ist der Puppenlenker.
Gestartet wird am Boden. Dort liegt die Marionette wie ein Maikä-
fer auf dem Rücken und beobachtet genau die Handbewegungen
ihres Meisters. Dieser zieht gerade mit seinen Fingern an einem
imaginären Faden, der wohl an den Händen der Puppe befestigt
sein muss. Denn die Marionette gehorcht auf Fingerzeig und
bewegt die Arme langsam in die gewünschte Richtung. Dabei
sollte übrigens auf einen in etwa gleich bleibenden Abstand zwischen Lenker und Puppe geachtet werden. Auf diese Art führt der
Spieler seine Puppe kreuz und quer durch Räume, über Hinder-
nisse und lässt sie am Ende des Theaterstückes wieder langsam zu
Boden gleiten.

60   Pünktchen und anderes

Dieses lustige Körperspiel ist besonders im Sommer zu empfehlen, wenn die Teilnehmer nicht zu dicke Kleidung am Leib tragen müssen. Mit einem Kugelschreiber versteckt jeder an seinem Körper (Intimzonen und die Haare sind natürlich tabu) fünf Mini-Pünktchen, zum Beispiel auf dem Ohrläppchen, hinterm Ellenbogen, auf dem großen Zehen, an der Schulter und am anderen Arm. Fertig präpariert präsentiert sich dann jeder Bodypainter seinem Spielpartner oder einer Suchergruppe, die es alle darauf abgesehen haben, die fünf Pünktchen in Sekundenschnelle ausfindig zu machen!

Tipp:
Eine Stoppuhr ist zu empfehlen, so lassen sich die findigsten Pünktchendetektive an der Kürze der benötigten Fahndungszeit erkennen.

61   Bilderlotse

Wenn ein „Blinder" und ein „Sehender" ein Spielerpaar bilden, müssen sich beide schon sehr aufeinander einlassen.

So auch bei diesem Zeichenspiel. Einer bekommt Stift und Papier in die Hand gedrückt, dann werden ihm die Augen verbunden. Er erhält die Anweisung, seine Schreibhand, die den Stift hält, locker auf das Malpapier zu legen. Dann wird der Partner aktiv! Nachdem ihm ein Begriff auf einer Wortkarte vorgehalten wurde, greift er um die Schreibhand des blinden Mitspielers. Dann versucht er sie so zu führen, dass der dabei über das Papier gleitende Stift das Bild zum vorgegebenen Begriff zeichnet. Sobald die Zeichnung fertig ist, löst der passive Partner die Augenbinde und betrachtet „sein" Werk.

Kann er das Motiv erkennen, das die beiden Hände gemeinsam miteinander hervorgebracht haben?

VII. Therapiespiele

Ganz so ernst, wie die Überschrift klingt, geht es bei den Therapie-
spielen natürlich nicht zu. Das Kapitel beinhaltet eine Sammlung
netter Möglichkeiten, wie die Gruppenmitglieder mit Spaß und
Leichtigkeit ein wenig „Seelendoktor" spielen können. Wer mag,
ernennt für jedes Spiel einen anderen Mitspieler zum Analytiker
dieser Runde. Wie weit beziehungsweise tief Doktor Freud bei den
psychologisch angehauchten Spielen und deren Auswertung
gelangt, wird entscheidend von der Diskussionsbereitschaft und
Mitarbeit aller Teilnehmer abhängen.

Jeder Leiter einer Gruppe sollte seine Zöglinge durchaus dazu
motivieren, sich mit sich selbst, den anderen und dem sozialen
Geschehen innerhalb der kleinen Gemeinschaft auseinander zu
setzen. Denn damit ist jeder Einzelne angesprochen, ernst genommen und fühlt sich selbst wichtig und für die anderen verantwort-
lich.

Wie entspannend sich das auf den Gruppenprozess auswirken
kann, wird sich zeigen, wenn sich alle Mitglieder in vertrauter
Umgebung, in der man ein wenig von den geheimen Ängsten und
Schwächen der anderen erfahren durfte, bewegen.

62   Selbstporträts in Dur und Moll

Viele Menschen tun sich schwer, ihren Gefühlen Ausdruck zu ver-
leihen. Hier gibt es eine gute Möglichkeit den inneren Regungen
mit Musik, Pinsel und Farbe auf die Spur zu kommen.

So lautet die Aufgabe: Wähle eine Musik aus, die du am liebsten
hörst. Lasse sie auf dich wirken und male dich auf ein beliebiges
Papierformat.

Die Malerei erledigt jeder für sich zu Hause und in Ruhe. Wenn
sich die Gruppe wieder trifft, darf man gespannt sein auf die Ergebnisse! Alle Mitspieler stellen die Auswahl ihrer Begleitmusik

(kurze Einblendung mit dem Kassettenrekorder) vor, sowie das gestaltete Selbstporträt.

Es ist hoch interessant, wie man sich bei der Einschätzung von Personen vertun kann – auch wenn man sie schon lange zu kennen glaubt. Wer hätte gedacht, dass sich die zurückhaltende Jessica ein fetziges Rocklied auswählen würde, wenn es um die Untermalung der eigenen Person geht? Auch Größe des fertigen Bildes, Farbauswahl, Farbqualität, Hell-Dunkel-Verteilung und natürlich der Ausdruck sprechen bei näherer Beschäftigung mit dem jeweiligen Künstler Bände. Und wie steht es mit Hardi? Er verzichtet gänzlich auf eine konkrete Menschendarstellung – momentan sieht er sich nämlich als Farbkreisel ohne Kontur in Rot und Schwarz. Was dies wohl zu bedeuten hat …

Vielleicht bringt die Vernissage bei heißem Punsch und Keksen neue Erkenntnisse an den Tag.

63   Gruppenzoo

In einer Gruppe hat jedes Mitglied einen gewissen Status Quo. Ein besonderes Ansehen oder ein Ruf, der einem Menschen anhaftet, ist oft schwer in andere Blickwinkel zu rücken. Insbesondere dann, wenn es sich um negative Einschätzungen der Person handelt. Deswegen werden die beteiligten Personen für die Dauer des Spieles in Tiere verwandelt. Jeder Teilnehmer notiert sich untereinander die Namen sämtlicher Gruppenmitglieder, sich selbst inklusive. Damit zieht man sich in ein stilles Eck zurück und denkt scharf nach. Welches Tier könnte der Obercoole verkörpern? Welche tierische Rolle würde wohl die zurückhaltende Lisa im Reich der Tiere spielen? Wie sieht sich jeder selbst im Kontext der Gruppe – welches Tier passt zu mir? Im Anschluss an diese Überlegungen setzen sich die Spieler zu einem auswertenden Gespräch zusammen. Es entstehen spannende Diskussionen über die Wahl der Tiere, über die Begründungen für diese Wahl, über besonders hohe Übereinstimmungswerte oder stark auseinanderklaffende Einschätzungen. Da wird die analytische Sitzung ja auch erst interessant! Wie kommt es zu generell unterschiedlichen Beurteilungen von Menschen?

Sehr wundern darf man sich eventuell über Tim, den viele als Buhmann der Gruppe und als Spielverderber sehr negativ empfanden, der jedoch im Gruppenzoo als kleine weiße Maus wieder zu finden ist. Woran das wohl liegen mag?

64   Testament im Trinkhalm

Nach dem Psychologen A. Adler verfolgt jedes Individuum einen bestimmten Lebensplan. Dieser entsteht früh in der Kindheit, wenn der Mensch sich aus eigenen Geartetheiten, Erlebnissen, vor allem aber auch durch Einflüsse der Erziehenden und Vorurteile und Reaktionen der sozialen Umwelt eine Meinung über sich selbst bildet. Zum Beispiel: Ich kann genauso wenig rechnen wie die Mama, ich schaffe die Schule nie, ich habe einfach zwei linke Hände, ich bin ein Pechvogel …

Sicher schwirren unzählige geheime Befehle in den Köpfen der Gruppenmitglieder herum, unter denen sie mitunter gehörig zu leiden haben. Deshalb schreibt jeder sein negatives, belastendes Erbe als Satz auf einen kleinen Zettel, rollt diesen zusammen und schiebt dann die Rolle in einen Trinkhalm.

Auf geht es zu einer ungewöhnlichen Testamentseröffnung: Die Gruppe wandert entschlossen zum nächstgelegenen Fluss. Auf Kommando legt jeder seinen Trinkhalm an die Lippen, dann wird gepustet was das Zeug hält! Mit Druck wird das leidige Testament dem Wasser anvertraut. Möge es dort in Frieden ruhen oder vom nächstbesten Fisch verzehrt werden. Wenn das kein energischer Schritt hin in eine neue Denkrichtung über sich selbst ist!

Varianten:
- Es gibt auch Flammenbestattungen am Lagerfeuer.
- Die Zettel können zusammengerollt und in Luftballone geschoben werden. Hängen alle Ballone dann aufgeblasen an einem „Erinnerungsseil", werden sie mittels Nadelstichen endgültig zum Platzen gebracht.
- Die Negativ-Parolen können auch mit dickem Filzstift groß auf Zeitungspapier geschrieben werden. Die Zeitungsbögen aller Gruppenmitglieder werden dann mit Pappmaschée zum Beispiel zu einem beeindruckenden, lachenden Dickwanst formiert, der sich sehr über die Vernichtung der vernichtenden Leitsätze freut.

65 Gruppentherapie

Gruppentherapie ist ein raffiniertes Psychospiel, das das genauere Kennenlernen der übrigen Mitspieler zum Ziel hat und jede Menge Spaß garantiert. Bevor gespielt werden kann, müssen erst einmal interessante Fragen zusammengetragen werden, die sich auf verschiedenste Inhalte beziehen können. Die Fragen müssen aller-

dings auf Altersangemessenheit und Reifegrad der Teilnehmer
überprüft werden. Jede Frage wird auf ein Kärtchen geschrieben.

Beispiele:

> Wie schätzt du
> deine positive Aus-
> strahlung ein?
> Wertung von 1 bis 10

> Wie vielen von zehn
> Personen ist die
> Fußgängerampel
> egal?

> Wie viel Prozent der
> Jugendlichen küssen ihre
> Eltern öfter als einmal
> pro Woche?

Sind genügend Spielkarten erstellt, kann es losgehen. Die Teilnehmer sitzen im Kreis. Einer mischt die Karten und legt sie mit der
Schrift nach unten als Stapel in die Mitte. Jeder zieht eine Karte,
hält sie verdeckt und liest den Inhalt. Dann beantwortet er die
Frage schriftlich (Zettel bereitlegen). Dieser Notizzettel dient später als Beleg! Sind alle Fragen von den Mitspielern geheim beantwortet, wird das Spiel öffentlich. Das heißt, der erste trägt seine
Frage laut vor. Die Selbsteinschätzung behält er aber noch für sich.
Stattdessen müssen nun alle anderen beratschlagen, welche Antwort er wohl aufnotiert hat, für welche Antwort er sich wohl entschieden haben wird. Liegen die Ergebnisse des Spielstarters und
die geschätzte Antwort der Gruppe eng beieinander, ist der Spieler
den übrigen vertraut und der Nächste in der Reihe liest seine Frage
vor. Klaffen die beiden Antworten jedoch stärker auseinander, so
erhält der Spieler einen Blumensticker auf den Pulli gepappt, als
Zeichen, dass er noch besser von der Gruppe verstanden werden
muss. Also – besser hinhören und häufiger Kontakt pflegen, dann
wird sich bei einem nächsten Spieldurchgang vielleicht ein homo-
generes Ergebnis einstellen.

66   Logischer Vierer

Die Gruppe erhält einen Begriff auf einer Wortkarte. Ohne zu sprechen und vor allem ohne vom Nachbarn abzuschauen, schreibt nun
jeder Mitspieler vier Assoziationswörter auf ein Blockblatt, die
ihm zuerst in Verbindung mit dem Oberbegriff einfallen. Dabei
darf frei in sämtlichen Wortarten gekramt werden. Anschließend
sammelt der Spielführer die mit Namen beschrifteten Zettel ein
und macht sich ans Auswerten: Zuoberst wird der Hauptbegriff als
Thema an die Tafel geheftet. Darunter werden dann die gefundenen Assoziationswörter aufgelistet und wie bei einer Klassenspre-
cherwahl mit einem Strich bedacht, wenn sie öfter als einmal auf-
tauchen.
Die Wörter mit den meisten Strichen scheinen für viele Gruppenmitglieder relevant zu sein. Eine Handprobe zeigt, welche Teilnehmer auf das gleiche Ergebnis gekommen sind. Je nach Rahmenthema
bzw. Oberbegriff kann eine hohe bzw. geringe Trefferquote Aussage
machen über die inneren Positionen der Mitspieler.
Aufschlussreiche Reizwörter wären unter anderem mit Sicherheit:
• Hausaufgabe
• Eltern
• Einsamkeit
• Zukunft …

67   Und was kommt dann?

Mit Bleistift, Pinsel, Malblock und Wasserfarben gerüstet, lauschen alle Teilnehmer dieses Spieles einer Bilderreise. Die Bilderreise beschreibt einen Weg, der irgendwo endet. Zum Beispiel:
„Ich gehe einen Weg entlang, an bunten Wiesen vorbei, klettere
über einige Felsbrocken und stehe plötzlich vor einem Wald (oder
vor einem riesigen Tor, vor einem Schloss, vor einer Höhle, an
einem Fluss, am Meer, in der Wüste und so weiter)."
Zu diesem Zeitpunkt – der Spaziergang führt also zu einem Ziel,
das der Gruppenleiter nach Gefühl wählen kann – greifen die Teil-

nehmer zum Bleistift. Wer möchte, skizziert auf einem kleinen Teil des Blattes den Weg, der bis zum markanten Ende der Geschichte reicht. Der Großteil des Zeichenpapiers soll jedoch dem Fortgang der Geschichte dienen: Was passiert jetzt? Was verbirgt sich hinter dem Wald? Was kommt nach dem Tor? etc.
Die Künstler dürfen mit Ruhe so lange farbig gestalten, bis sie fertig sind. Bei der anschließenden Bildbetrachtung gibt es dann allerhand Spannendes zu sehen. Während der Diskussion um die Inhalte werden häufig Erwartungen, Sorgen und Ängste transparent und es lohnt sich, länger bei einer Person zu verweilen und ihrem Weg genau zuzuhören.

68 Lebensziele

Besonderen Aufschluss über die Unterschiede zwischen Mädchen und Jungs gewinnt man, wenn alle Gruppenmitglieder in Form eines Aufsatzes dem anspruchsvollen Thema „Lebensziele" Rechnung tragen! Wer mag, gibt den Mitspielern eine Gliederung vor, wie etwa

Meine Lebensziele:
1. Wer bin ich
2. Meine Ziele
   • beruflich
   • familiär
   • Freizeitbereich
   • gesellschaftlich
   • …
Wenn allerdings die Gliederung selbst gefunden werden muss, bieten sich noch weitaus griffigere Diskussionsansätze! Da gibt es Minimalgliederungen, an denen zu erkennen ist, dass einigen Kindern die Vielschichtigkeit des Lebens überhaupt nicht geläufig ist. Wieder andere verzetteln sich mit Unsachlichkeiten, indem sie einen Stall von Haustieren aufzählen, die sie sich später zulegen wollen.

Insgesamt lässt sich feststellen, dass Jungen viel häufiger zu unreflektierten Idealwelten neigen (Pilot werden, eine Blondine heiraten, einen Porsche kaufen etc.), während Mädchen immer noch häufig soziale Komponenten berücksichtigen und aktuelle Verhältnisse realistischer einschätzen. Häufig werden von Mädchen Heil- bzw. Helferberufe ausgewählt, die Familie ist wichtig …
Lassen Sie sich überraschen, wie es bei Ihrer Gruppe aussieht mit den Zukunftsvisionen!

69 Zielcollagen

Sinn dieses Spieles ist das bessere Verständnis der Familienstrukturen der Gruppenteilnehmer. Man kann daraus größeren Nutzen ziehen, wenn klar wird, welche Personen wie auf den Teilnehmer X wirken, welche Dynamik sich bei einem Kontakt zwischen den Personen X und Y entwickelt …
Jeder Mitspieler bringt Fotos seiner Abstammungsfamilie bzw. seiner Bezugsfamilie mit – eines von Vater, von Mutter, von der Oma, von dem Opa, von jedem, mit dem man regelmäßig Kontakt pflegt. Es können auch Fotos beispielsweise von den Mitbewohnern einer WG sein, die ebenfalls Einfluss auf das Gruppenmitglied haben und so weiter. Auch der beste Freund oder eine andere wichtige Bezugsperson aus dem Haus kommen für so eine Stellcollage in Frage. Dann werden bunte Kartonkärtchen verteilt. Jeder notiert darauf eines seiner momentanen Ziele. Alle Teilnehmer kleben mit Haftis die Fotos so auf den Tisch (oder auf ein Plastiksortierbrett oder Ähnliches), dass die Anordnung der Personen in etwa den tatsächlichen Bindungen entspricht. Mutter „klebt" zum Beispiel ganz eng bei der Tochter. Vater steht im Abseits, der Proband stellt sich komplett auf die andere Seite etc. Die Aufstellung der Familie wird vorgestellt. Jeder beschreibt kurz die Zusammenhänge, dann kommt das Farbkärtchen ins Spiel! Darauf notiert jeder Mitspieler spontan eines seiner Ziele, das er sich gesteckt hat. Dabei muss es sich nicht nur um vorbildliche Ziele wie den Schulabschluss handeln. Auch andere Ziele wie die Erlangung des Mopedführer-

scheins, den Besuch einer Schauspielschule und so weiter dürfen formuliert werden und auf dem Zielkärtchen den Familienfotos gegenüber geklebt werden!

Welche Personen werden aktiv oder bleiben passiv und beeinflussen auf welche Weise nun den Probanden und damit indirekt sein Ziel? Wohin muss das Zielkärtchen verschoben werden, wenn zum Beispiel die Mutter aktiv wird, wenn die Oma mit dem Vater darüber gesprochen hat, wenn der Vater alleine zu Hause ist etc. Oder sollte etwa tatsächlich der Inhalt des Zielkärtchens überprüft werden?

Insgesamt kann man hochinteressante Entdeckungen machen über die Machtverteilung innerhalb eines familiären Systems und die Konsequenzen, die daraus für eine oder mehrere bestimmte Personen resultieren.

70   Stimmungsmuster

Um die momentane Gefühlslage von Gruppenmitgliedern kennen zu lernen, werden Muster entworfen. Jeder Mitspieler erhält einen Papierstreifen in gleicher Größe und Stifte nach Wahl. Die Zettel sollen nun gefüllt werden mit Formen und Farben, so dass Muster entstehen, die dem jeweiligen Zeichner spontan in den Sinn kommen. Wichtig dabei: Es werden keinerlei Vorschriften gemacht, welche Stiftsorte, welche Farbwahl, in welcher Größe die Muster angelegt werden sollen und so weiter. Auch wie viel Fläche des Papiers bemalt wird, entscheidet jeder für sich. Um möglichst individuelle Ergebnisse zu erzielen, setzt man die Probanden einzeln an Tische. Spannend wird's dann beim Vergleichen der Ergebnisse. Alle fixieren ihre Streifen an eine Tafel oder eine Pinwand und schreiben den Namen unmittelbar unter ihr Bild. Jeder darf sein Werk kurz vorstellen und ein paar erklärende Worte zur Technik und zum Motiv sagen. Dann sind alle gefragt: Wie könnte das Motiv sonst noch interpretiert werden, warum verwendet Sybille vorwiegend spitze Formen, warum drückt Ron so schwach auf mit den Stiften, dass man das Ergebnis kaum erkennen kann, weshalb hat Peter drei Viertel des Papiers unbenützt gelassen? Welches Muster wirkt fröhlich, welches ängstlich, wer kann wohl gut Geschäfte erledigen, wer hat vielleicht einen Hang zum liebevollen Gestalten und so weiter. Die anderen und auch der Künstler selbst stellen Vermutungen an und nicht selten wissen die Mitspieler am Ende der Diskussion ein wenig mehr über die anderen und vielleicht sogar über sich selbst.

71 Burgbau mit Tücken

Das Spiel führt uns zurück in die Kindergartenzeit! Alle Teilnehmer begeben sich auf den Boden oder um einen großen Tisch, um gemeinsam aus Legosteinen oder Bauklötzen eine Burg (ein Haus, ein Schloss o.Ä.) zu bauen. Dabei darf jeder „Architekt" seiner Fantasie freien Lauf lassen! Es ist egal, ob die baulichen Fragmente miteinander harmonieren. Am Ende entsteht auf jeden Fall ein sehr interessantes Gebäude mit allerlei Eigenheiten. Nun soll es auch gebührend gewürdigt werden! Nach einer gemeinsamen Inspektion bzw. einem Rundgang (mit den Augen) durch die Burg darf dann jeder Teilnehmer etwas von sich selbst in das Bauwerk hinein legen. Genau dort hin, wo es ihm besonders gefällt. Die Burg also ist fertig – jetzt kommt die Tücke!
Bei der persönlichen Einlage in das Gebäude kann es sich um ein Schmuckstück, einen Haargummi, einen Schal, einen Stift etc. handeln. Die Wahl der Gegenstände ist nicht relevant. Wohl aber die Wahl des Ortes, an dem jeder sein Kennstück ablegt! Wo in der Burg siedeln sich die Mitspieler an? Einer setzt sich zum Beispiel ganz oben auf die Zinne, einen anderen sieht man gar nicht, er vergräbt sich im Verlies, oder jemand steht komplett im Abseits, als gehöre er gar nicht dazu etc.
Wenn die Wahl des Standortes dann in dieser Weise gemeinsam von der Gruppe bearbeitet wird, entwickeln die Teilnehmer Einblicke in einen möglichen psychischen Ist-Stand der einzelnen Mitglieder innerhalb der Gruppe. Und Einblicke sind immer Voraussetzung für mehr Verständnis und für die Lösung von Problemen.

Tipp:
Man kann außer der Wahl des Ortes auch die Bauweise der einzelnen Teilnehmer mit in die Überlegungen einbeziehen. Einer baut nur mit den kleinsten Steinchen, ein anderer verlegt sich auf runde Abschlüsse, ein Dritter hat es besonders mit zackigen Ausläufern und so weiter.

VIII. Kommunikationsspiele

Soziale Interaktion ohne Kommunikation ist undenkbar. Die Bedeutung der Förderung sprachlicher Fähigkeiten ist offensichtlich. Dazu zählt zum Beispiel alleine schon der Mut, laut zu oder vor einer Gruppe zu sprechen, sei es im Spiel oder aber um sich Gehör zu verschaffen. Wichtig sind Sprechanlässe oder Spiele, die für die Kinder so interessant sind, dass die Neugier auf das Thema höher ist als die Scheu zu reden.

Zu einem konstruktiven Kommunikationsverhalten gehört aber auch das Eingehen auf den anderen, das genaue Hören auf die Äußerung des Gegenübers ... Hier spielen wiederum verschiedene Faktoren wie soziales Sich-öffnen-Können, Strukturerfassung, Konzentration und so weiter zusammen, die eine adäquate Weiterleitung von Informationen zwischen Menschen ermöglichen. Aber auch nonverbale Verständigung hat ihren Sinn. Man muss vielleicht nur genauer auf körpersprachliche Zeichen achten, um andere besser verstehen zu können.

72 Plauderei in Rot und Grün

Diese Überschrift legt eine Unterhaltung zwischen zwei Personen nahe. So ähnlich verhält es sich auch, nur reden die Spieler nicht mit dem Mund, sondern lassen ihren Stift sprechen!

Jedes Spielerpaar wählt zwei verschiedene Farben, außerdem wird ein DIN A3-Papier benötigt. Der Erste setzt seine Eröffnungsaussage auf das Blatt. Eventuell ein „Hallo"-Strich nach schräg oben! Der Partner antwortet zeichnerisch und so geht die Plauderei mit unterschiedlicher Linienführung hin und her. Vielleicht entwickelt sich daraus eine engagierte Diskussion, ein langweiliges Gerede, ein munteres Geplapper oder gar ein heftiger Streit? Man wird es an dem Verlauf der Linien oder Muster ablesen können.

73   Der alte König ist krank

Die Gruppe sitzt im Kreis. Einer wird zu des Königs General
ernannt und ruft nun aus:
„Der alte, alte König ist krank!"
Daraufhin fragen die anderen im Chor zurück:
„Was hat – was hat – was hat er denn?"
Prompt antwortet der General:
„Er zuckt mit dem linken Auge!"

Da beginnen alle Teilnehmer hemmungslos mit dem linken Auge
zu zucken, bis ein zweiter General eine neue Botschaft aus dem
Königshaus vermeldet:
„Der alte, alte König ist krank!"
„Was hat – was hat – was hat er denn?"
„Er klappert mit den Zähnen!"

So kommen immer mehr Zipperlein zusammen, die den alten
König plagen. Und sie plagen ihn alle zur selben Zeit, so dass es
für die Teilnehmer eine wahre Meisterleistung ist, sämtliche Be-
schwerden parallel nebeneinander schauspielerisch darzustellen,
ohne sich dabei selbst krank zu lachen.

74   Siebenvierzehn

Ein Losetopf mit Buchstabenzetteln oder Zetteln mit Zahlen in der
Anzahl der Spieler wird vorbereitet. Zum Beispiel 17 Spieler =
Lose von A bis Q, bzw. von 1 bis 17. Alle Teilnehmer greifen dort
hinein und ziehen je ein Buchstabenlos. Dann setzt sich die Gruppe
in den Stuhlkreis. Der Spielführer ruft zwei Buchstaben aus: „C
und J", ohne jedoch zu wissen, wer von den Mitspielern diese
Buchstaben repräsentiert. Diese beiden müssen nun so unauffällig
wie möglich versuchen, miteinander Kontakt aufzunehmen und
sich etwa mit einem kleinen Signal das Zeichen zum Platzwechsel
zu geben. Sobald die zwei Spieler von ihren Stühlen loslaufen, ver-

sucht der Spielführer, einem von ihnen zuvorzukommen und dessen Platz als Erster zu besetzen. Gelingt ihm dies, so ist der andere nun der Spielführer und ruft die neuen Buchstaben für Runde 2 aus!

Tipp:
Es können natürlich auch 4 Buchstaben ausgerufen werden!

75 Goethe und Co.

Hier geht es um ein ähnliches Prinzip wie bei der „stillen Post". Nur werden beim Goethe-Spiel laute Botschaften weitergeleitet: 5 bis 10 Spieler verlassen den Raum. Dann liest der Spielführer den übrigen Teilnehmern ein Gedicht vor. Da es weder zu kurz noch zu lange sein sollte, kann bei Bedarf einfach aus einem längeren Gedicht eine Strophe ausgesucht werden. Außerdem sollte die Poesie keinem der Mitspieler bekannt sein. Nun darf sich einer der Zuhörer melden und das soeben vernommene Gedicht dem ersten Spieler vortragen, den er von draußen hereinholt. Dieser wiederum lauscht nun der vielleicht nicht mehr ganz korrekten Dichtung, ruft den nächsten Spieler und reproduziert das Gehörte abermals. So geht es fort, bis auch der Letzte vor der Türe dem Ohrenschmaus anheim gefallen ist und dann zum Vergleich das Original noch einmal vor versammelter Mannschaft verlesen darf.

Tipp:
Unsinnsgedichte, neu erfundene Zungenbrecher und eigene Dichtkunst bereiten besonderen Spaß!

76 Tukketinisch

Eine launige Stimmbildungsübung soll durchgeführt werden! Jeweils ein Spieler aus der Gruppe hält einen Vortrag auf „Tukketinisch". Diese Rede besteht aus sinnlosen ein- oder mehrsilbigen

Wortbildungen, zum Beispiel: „Papp-Plarapp, bo-man, ohahaha, enenenen ...“
Die Zuhörerschaft amüsiert sich köstlich und soll abschließend erraten, welche Mitteilung der Redner da übersetzt haben könnte.

77   Klangfolgen

Nachdem sich die Gruppenmitglieder zu Paaren geordnet haben, einigen sie sich auf einen bestimmten Lockruf bestehend aus einer Wortsilbe, z. B. Mi – mi – mi – mi. Einer der Partner verbindet sich nun die Augen. Der andere Spieler singt die Wortsilbe auf einer bestimmten Tonhöhe immer wieder. Der Start ist gegeben – jeder „Blinde“ folgt der „Erkennungsmelodie“ seines Partners mit gespitzten Ohren. Es ist ganz schön schwierig, zwischen all den anderen Kommunikationsgesängen von Ohohos, Tetetes und Rururus den persönlichen Lockton heraus zu hören.

78   Leg nicht auf!

„Halt, halt, legen Sie nicht auf! Ich bin schon wieder mal ausgeflogen und freue mich darauf Ihre Nachricht zu einem späteren Zeitpunkt abzuhören ...!“
So oder auch ganz anders könnte der Spruch lauten, mit dem ein fiktiver Anrufbeantworter besprochen werden soll. Jeder Mitspieler erhält den Auftrag, sich eine solche Empfangsmeldung auszudenken. Dabei können auch zusätzliche Kriterien vorgegeben werden, nach denen der Inhalt und die Art der Texterstellung ausgerichtet werden sollen. Da gibt es witzige Aussagen, sachliche Infos, geflötetes Blabla in epischer Breite, kurze Texte, plumpe Ansagen etc.
Je nach Motto werden dann die in Gruppen-, Partner- oder Einzelarbeit gewonnenen Ergebnisse hintereinander auf einen Kassettenrekorder aufgesprochen. Besonders echt wirkt es mit einem richtigen Pfeifton am Schluss (zum Beispiel Hundepfeife, Blockflöte).

In gemeinsamer Runde wird dann die Kassette abgehört und bewertet – und der Spaß kommt mit Sicherheit nicht zu kurz!

Tipp:
Lassen Sie die Texte jeweils einzeln in einem Nebenzimmer auf Band sprechen, dann ist die Überraschung für die übrigen Mitspieler beim gemeinsamen Abhören perfekt.

79 Memorygeschichten

Bildkärtchen aus dem Memoryspiel, ausgeschnittene Fotos aus Illustrierten, Postkarten etc. werden nach Gutdünken geordnet und hintereinander gelegt. Um diese zusammenhanglosen Einzelbilder soll nun eine möglichst sinnvolle und zusammenhängende

Geschichte konstruiert und dabei kein Bild ausgelassen werden.
Beispiel einer solchen Bilderfolge:

Textbeispiel:
Das ist Kater Schlupf. Am liebsten streift er durch den nahe gele-
genen Wald und startet der Burg einen kurzen Besuch ab! Das
Burgfräulein Anna sieht normalerweise um diese Uhrzeit fern.
Doch einmal hat sie den Kater am Fenster entdeckt und ihm einen
Apfel hinunter geworfen.

80   Quasselquatsch

Bei Quasselquatsch soll ein Unsinnstext wieder in die richtige
Satzfolge gebracht werden.
Es bietet sich an, im Vorfeld des Spieles von den Gruppenmitglie-
dern selbst lustige Texte erfinden zu lassen. Kennzeichen der
Geschichten: Längere anschauliche Sätze, zusammenhängende
Inhalte, viele Eigenschaftswörter, ein Haupthandlungsstrang,
Nebensatzkonstruktionen und so weiter.
Am einfachsten stellt man Quasselquatschtexte her, indem jede
Geschichte zuerst in korrekter Form aufgeschrieben wird.
Anschließend fällt es leichter zum Beispiel den Satzanfang des ers-
ten Satzes mit der zweiten Satzhälfte des sechsten Satzes zu ver-
binden; – also die richtigen Sätze zu Quatschsätzen zu vermischen.
Bei Spielbeginn werden die Quatschtexte an jeden Teilnehmer
oder an jedes Spielerpaar ausgegeben, die Reinschrift liegt aber als
Folie vor. Somit kann in gegenseitiger abschließender Kontrolle

festgestellt werden, wer den Text wirklich komplett rekonstruieren konnte.

81 Rudi-mente

Wie es die Überschrift schon andeutet, sollen bei diesem Spiel Wort**teile** gesprochen werden und das restliche Wort gestisch oder mimisch ergänzt werden. Für das Beispiel der gewählten Überschrift heißt das: Ein Spieler hat sich für den Begriff *Rudimente* entschieden. Laut spricht er aber nur den zweiten Wortteil „mente" aus, was natürlich in die verschiedensten Richtungen führen kann, zum Beispiel Fundamente, Testamente, Firmament, und so weiter. Um aber zum Begriff Rudimente zu gelangen, muss der Spieler nun also ergänzend pantomimisch den fehlenden „Rudi" vermitteln! Ob es ihm mit Hilfe eines Fingerzeigs auf einen Mitschüler des gleichen Namens oder aber mit Hinweisen auf Rudi Rabe im Fernsehen gelingt, bleibt dahingestellt. Bis aus „mente" „Rudimente" wird, mag es eine Weile dauern. Aber schon bei jüngeren Spielern geht es wirklich lustig zu, wenn aus putzigen „Hasen" ein „Hasenfuß" werden soll etc. Beispiele:
- Wirbel-Wind
- Zigeuner-Schnitzel
- Fuß-Ball-Spieler
- Hähnchen-Brust-Filet

82 Fragezeichen im Sack

Die Gruppenmitglieder sitzen im Kreis. Ein Spieler wird ausgewählt und begibt sich in die Kreismitte. Dann geht ein „Sack mit Fragezeichen" reihum. Alle Teilnehmer greifen einmal in den Sack und befühlen dessen Inhalt. Dort verbirgt sich vielleicht ein kleines Schiff für die Badewanne, ein Stiefel, eine Sonnenbrille, ein Kohlrabi oder anderes. Jeder darf, nachdem er getastet hat, **eine** Angabe machen, die den Gegenstand näher beschreibt, ohne aber zu viel zu verraten. Dabei müssen die Taster gut aufpassen, mit welchen Details die Vorgänger das Fragezeichen näher bestimmt haben. Den Rater in der Kreismitte sollten die Informationen, die er erhält, zur Lösung führen. Gelangt er zum richtigen Ergebnis, darf er einen neuen Rater bestimmen und tauscht mit ihm die Plätze.

Tipp:
Vor Spielbeginn bietet sich eine Gegenstandsbeschreibung zur Probe an, bei der man von ganz allgemeinen Aussagen zu immer konkreteren Angaben vorgeht!

83   Begriffskreuze

Ein Tüftelspiel für zwei! Man nehme ein Blatt Papier und bereite mit schwarzem Filzstift und Lineal eine großkarierte Kopiervorlage. Jeder Mitspieler bekommt einen kopierten Spielplan. Außerdem verfügt jeder über eine Liste von Wörtern, die aus einem schulrelevanten Sachtext, einem Zeitungsartikel, einem Diktat etc. stammen können. Diese X Wörter werden nun unter Ausschluss der Öffentlichkeit im Karogitter „versenkt". Pro Feld ein Buchstabe. Die übrig gebliebenen Karos werden mit beliebigen Buchstaben gefüllt. Dann tauschen die Spieler die Blätter. Der Titel beziehungsweise der Inhalt des jeweiligen Ausgangstextes wird dem Spielepartner im Übrigen nicht vorenthalten!

S	S	A	E	O	B
U	P	Z	H	B	U
F	A	I	R	P	C
T	S	T	E	R	H
O	S	I	K	L	G

Mit einem Leuchtstift soll nun der Gegenspieler alle Wörter markieren, die er findet. Sieger ist derjenige, der die meisten Begriffe entdeckt!

Tipp:
Lautes Lesen hilft bei der Wörtersuche.

84 Assoziations-Domino

Dieses Assoziationsspiel wird reihum durchgeführt. Der Starter gibt ein Signalwort vor, das zu dem von der Allgemeinheit gewählten Rahmenthema passt. Ein solches Rahmenthema könnte die sportliche Freizeit, die Automobilbranche, der Haushalt, der Lernstoff im Unterricht etc. sein. Das Signalwort wird auf die Tafel oder auf ein Plakat geschrieben. Der nächste Spieler steht auf und notiert seine Assoziation neben den ersten Begriff. Die zu findenden Assoziationen sollten sich dabei weiterhin innerhalb des Rahmenthemas bewegen.

Tipp:
Gelingt es einem Spieler auch trotz großer Mühe nicht, beim Thema zu bleiben und er findet irgendeine freie Assoziation zum Signalwort, so kann man das gelten lassen, doch der nächste Spieler versucht, über den artfremden Begriff dennoch wieder zur Ausgangsthematik zurück zu finden.

85 Two for One

Zwei verschiedene Begriffe sollen unter einen Hut gebracht werden, indem nach einem Zusammenhang zwischen den beiden gesucht wird.
Zunächst werden viele Wortkarten mit je einem Substantiv, einem Verb oder einem Adjektiv beschriftet. Bei Spielbeginn zieht jeder aus den gesammelten Werken zwei Begriffslose. Auch wenn sie noch so wenig miteinander zu tun haben, es muss ein Zusammenhang hergestellt werden, dem in einem Satz Ausdruck verliehen wird.

Zum Beispiel:

Ohrwärmer /Autobatterie   Er trug Ohrwärmer, darum überhörte er das Stottern der Batterie.

| Garage / künstlich | Ich habe in der Garage eine künstliche Palme aufgestellt. |
| entzückt / trampeln | Gar nicht entzückt reagierte der Hausmeister auf das Trampeln von oben. |

86   Kuckuck

Achtung, faule Eier gesucht! Per Overhead-Projektor werden Folienstreifen mit je fünf Begriffen an die Wand geworfen, die alle ein gemeinsames Merkmal besitzen. Zum Beispiel:
• Man kann es essen.
• Es dient der Beförderung.
• Es kann schwimmen.
• …
Allerdings hat sich unter die fünf Begriffe ein Kuckuck geschmuggelt. Er gehört nicht in diese Begriffsgruppe: Wer findet ihn zuerst?

Beispiele:
Trambahn, Zug, Auto, Rollschuhe, Flugzeug
Krebs, Fisch, Boot, Surfbrett, Holz
Hafer, Gerste, Kartoffeln, Weizen, Roggen

Dieses Spiel kann eine hilfreiche Vorbereitung sein, um Gespräche künftig aufmerksamer und inhaltlich zielorientierter zu gestalten, hat man doch gelernt, unter welch verschiedenen Blickwinkeln ein Begriff eingeordnet werden kann.

IX. Kreativspiele

Kreatives Potenzial macht sich in vielerlei Hinsicht bemerkbar. Wer darin geübt ist, Situationen oder Sachverhalte unter verschiedenen Blickwinkeln zu betrachten und mit den unterschiedlichen Aspekten einer Angelegenheit zu spielen, wird zwangsläufig zu anderen Resultaten gelangen als jemand, der inhaltlich und gedanklich starr irgendwelche Thesen oder Vorgaben übernimmt.
Kreativität wird im Berufsleben zusehends wichtiger. Sie verbirgt sich zum Beispiel hinter „selbstständig arbeiten, offen für neue Wege sein etc.", Kreativität zum Zwecke neuer oder neu kombinierter Endprodukte also. Kreativität ist aber auch immens wichtig in sozialer Hinsicht. Wie soll einer zu neuen Verhaltensmustern während Auseinandersetzungen innerhalb der stattfindenden Gruppenprozesse gelangen, wenn nicht verschiedene Lösungswege und Problemlösungsstrategien erarbeitet werden können? Dazu bedarf es der Loslösung von starren Formen. Fantasie und Ideenreichtum sind gefragt. Doch gelingt Kreativität auch wiederum nur auf der Basis einer guten Erfassung der Ausgangslage: In diesem Sinne bietet Kapitel IX unterhaltsame Spiele für Erfinder, Künstler und Tüftelfreunde.

87 Graf von der Socke

Aus übrig gebliebenen Einzelsocken kann man tolle Handpuppen gestalten. Die Socken werden mit Füllmaterial bis zur gewünschten Kopflänge ausgestopft und darunter mit einem Gummi festgezurrt. Dabei muss aber der Zeigefinger des Puppenspielers durch den Gummiring passen. Bei großen Herrensocken verdeckt dann das Bündchen automatisch die gesamte Hand des Spielers und sieht aus wie die Kleidung der Puppe.
Der Kopf bzw. das Gesicht selbst kann aus allen erdenklichen Materialien ausgestaltet werden. Je nach Typus, wen die Puppe

verkörpern soll, entscheidet man sich beispielsweise für Augen aus Knöpfen, Perlen, Kohle, Glanzpapier, Stecknadeln, Kunstkristallen etc. Ebenso kreativ wird nach der passenden Lösung für Brauen, Nase, Mund, Haare und eventuell einer Kopfbedeckung gesucht. Die fertigen Puppen dürfen dann hinter einem Kartonschachtelrahmen als Fernsehgerät ihren ersten Auftritt erleben und werden erstmals offiziell der Gruppe vorgestellt.

88 Montagsmaler extra slowly

Jeder weiß, wie dieses Spiel abläuft: Der Starter der Spielergruppe tritt an die Tafel oder vor ein abwaschbares Plakat, das an der Wand befestigt ist und greift zu Kreide oder Stift. Dann wird ihm vom Spielleiter ein Kärtchen mit einem vorher ausgewählten Begriff vorgehalten. Der Zeichner liest und beginnt sofort mit der Umsetzung des Begriffes in ein Bild, das die anderen so schnell als möglich auf die Lösung bringen soll.

Bei „Montagsmaler extra slowly" kommt eine Bedingung hinzu: Nicht das ganze Bild soll dargestellt werden, sondern nur ein Detail. Es liegt auf der Hand, dass es sich natürlich um ein sehr pikantes Detail handeln muss, um damit auf den gesuchten Lösungsbegriff zu kommen. Beim Elefanten beispielsweise tut es der Rüssel, beim Zebra wird's allerdings schon schwieriger. Streifen können schließlich auf allerlei hindeuten: Ein Morgenmantel? Eine Biene? Eine Wespe? Bleibt abzuwarten, ob die Gruppe das Richtige wählt. Deshalb verläuft diese Variante der Montagsmaler auch viel ruhiger und langsamer, eine maximale Bedenkzeit sollte jedoch nicht überschritten werden, sonst wird es langweilig.

89 Patent

Ein Kreativspiel, das es in sich hat! Zum einen wird Erfindungsgeist gefordert, aber auch strenge kognitive Disziplin, um die Erfindung schriftlich und bildhaft darzustellen!

In Gruppen-, in Partner- oder in Einzelarbeit sollen Erfindungen gemacht werden. Dazu werden verschiedene Bereiche aufgelistet, in denen es Erfindungen geben könnte: Haushalt, Werkzeuge, Garten, Hotelbetrieb und so weiter. Außerdem benötigen alle Mitspieler eine längere Vorbereitungszeit, denn schließlich kann niemand so etwas aus dem Ärmel schütteln.

Schnell stellt man fest, dass es in jedem Bereich irgendwann Erfindungen gegeben haben muss, denn sonst gäbe es nicht all das, was wir heute besitzen und womit wir täglich umgehen.

Beim örtlichen Patentamt wird dann telefonisch ein offizieller Antrag zur Einreichung einer Erfindung beantragt, den das Amt in der Regel am nächsten Tag zuschickt. Die Lektüre der Merkblätter zum Antrag ist höchst informativ. Man glaubt gar nicht, wie genau man sich mit der „Beschreibung" etc. der Erfindung auseinander setzen muss. In Form eines Wettbewerbes gehen dann alle Gruppenmitglieder nach und nach an den Start.

Zum Erfinden und schriftlichen Erfassen und eventuell Modellbau haben sie Zeit bis zum Tag X, an dem alle Erfindungen in launiger Runde in der Gruppe vorgestellt und die Beschreibungen verlesen werden. Der Einsatz des Fotoapparates lohnt sich bestimmt und vielleicht ist ja auch eine Erfindung darunter, die tatsächlich und unbedingt beim Patentamt angemeldet werden sollte?!

90   Liniensalat

Liniensalat entsteht, wenn man mit einem möglichst dunklen Stift auf hellem Papier Krakel, Schleifen, Schlangenlinien, Kreise und so weiter hinterlässt.

Dieses Liniengewirr soll nun in gewisser Weise geordnet werden, indem nämlich nach zufällig entstandenen Strukturen oder Bildern im Bild gesucht wird. Die gefundenen Details oder Motive werden sorgfältig nachgespürt und mit Farbstiften ausgemalt. Sind keine figürlichen Gestalten auszumachen, so finden sich sicher eine Menge Muster, die mit leuchtenden Farben gefüllt werden können.

Tipp:
Wenn sich zwei Spieler gegenüber sitzen und am gleichen Linien-salat arbeiten, macht es gleich doppelt so viel Spaß!

91 Bleistiftkino

Für das Bleistiftkino benötigt jeder Mitspieler einen kleinen unli-nierten Block in Zündholzschachtel- bis Zigarettenschachtelgröße. Wenn man sich die Ausgabe für so einen Block sparen möchte, tun es auch normale Blätter, die in gleiche Rechtecke geschnitten, auf-einander gelegt und an einer Seite zusammen getackert werden. Im nächsten Schritt muss nach einem Inhalt beziehungsweise nach einer Handlung gesucht werden, die sich im Bleistiftkino abspielen soll. Zum Beispiel: ein Torwart im Tor, ein Fußball kommt geflo-gen, der Torwart fängt den Ball und so weiter.
Der Torwart im Tor wird auf jeder Seite des Kinos zu sehen sein. Deswegen behilft man sich mit einem Kohlepapier und paust gleich bleibende Motive einfach auf das nächste Blatt durch. Ver-ändern wird sich die Entfernung des Balles, der auf dem ersten Bild noch gar nicht, auf dem Zweiten ein wenig, auf dem Dritten ganz zu sehen ist und Bild für Bild näher kommt.
Wenn jede rechte Seite des Blockes voll gezeichnet ist, darf man gespannt sein auf das Daumenkino, wenn durch schnelles Blättern ein Film zum Leben erweckt wird.

92 Pizza Mandala

Mandalas sind derzeit wirklich überall anzutreffen. Warum sollten sie nicht auch in der Küche Einzug halten? Zum Beispiel wenn es darum geht, die eigene Kreativität am künstlerischen Belegen von Hefeteig auszulassen: Jeder Teilnehmer bringt für dieses lukulli-sche Projekt eine Portion geeigneter Zutaten mit. Bereits die Aus-wahl des Belages kann traditionell ausfallen (Pilze, Schinken, Käse) oder aber die Köche beschreitet neue innovative Wege, zum

Beispiel mit einem tollen Arrangement aus Kürbiskernen und Sonnenblumenkörnchen, die ringförmig um die Salamischeiben drapiert werden. Oder wie wäre es mit einem süßen Mandala: Bananen werden hübsch in Streifen geschnitten, sternförmig angeordnet und zuletzt mit Honig bestrichen. Wer mag, spickt sie mit Apfelstückchen ... Egal ob süß oder sauer, auf das Outfit jeder Minipizza kommt es an. Wer hat die tollsten Garnierideen und wer die beste Pizza? Mit Spannung wird das Ende der Backzeit erwartet! Die Prämierung erfolgt gleich anschließend, bevor sich die ersten Hungrigen auf die Meisterstücke stürzen können. Besonders gelungene Varianten sollten in einem selbstgemachten Kochbuch zusammengefasst werden – zur Nachahmung empfohlen.

Tipp:
Sollte Ihnen die Vorbereitungszeit von Hefeteig zu lange dauern, bestellen Sie doch beim Bäcker rohe Hefeteigbällchen in der Anzahl Ihrer Gruppenmitglieder vor! Sie müssen nur noch auf gefetteter Alufolie glatt gedrückt werden, fertig ist der Boden für die leckeren Teilchen.

93   Geheimcode

Kinder sind für alles Geheime und Verborgene besonders zu begeistern. Deshalb dürfen sie eine ureigene Geheimschrift erfinden, die nur sie selbst und der gewählte Spielpartner beherrschen. Vokalen und Konsonanten werden Zeichen, Zahlen oder andere Symbole zugeordnet. Dann kann brieflich kommuniziert werden und niemand versteht den Inhalt. Oder doch? Es soll ja wahre Meister geben, die auch die kniffeligsten Geheimcodes knacken können!

94   Kreativspeise Mailänder Art

Der Gruppenleiter sammelt von jedem Mitglied mindestens eine interessant oder lustig klingende Bezeichnung für eine Vor-, Haupt- oder Nachspeise ein. Auf Zettel geschrieben wandern die gastronomischen Neuschöpfungen in einen Losekorb, aus dem anschließend jeder Mitspieler wieder ein gefaltetes Los entnehmen darf. Alle Teilnehmer lesen ihren Lostext. Du liebe Güte! Um welches Gericht könnte es sich wohl bei „Rolli á la Couvert", „Ziegenfrisee" oder „Filetsandale" handeln?
Dann notiert jeder Koch seine kreative Eingebung und verfasst eine Rezeptanleitung mit Pfiff. Wenn auch die Zutaten nur wenig lukullischen Genuss versprechen, so ist doch ein Generalangriff auf die Lachmuskulatur vorprogrammiert!

95 Diddl-dum

Eine Leitfigur soll entwickelt werden – passend zu einem jeweiligen Interessensgebiet oder Unterrichtsfach. Jedes Gruppenmitglied kann sich bewerben und innerhalb des abgesprochenen Zeitrahmens nach einer solchen Figur suchen. Das heißt, es werden erst einmal Ideen gesammelt und Skizzen angefertigt. Ist sich ein Künstler seiner Sache sicher und weiß, wie das Ergebnis endgültig aussehen soll, darf er sich an die Reinzeichnung machen. Wer mit dem Zeichenstift auf Kriegsfuß steht, darf die Figur natürlich auch basteln! Eine gemeinsame Abstimmung in Form einer geheimen Wahl bringt den Favoriten ans Licht!

Den Sieger unter allen Bewerbern ereilt nun folgende ehrenvolle Aufgabe: Seine Leitfigur wird jedes Arbeitsblatt, das die Gruppe behandeln wird, für die Dauer eines Monats zieren. Wer mag, gibt der Figur einen Namen und Sprechblasen! Nach zwei, vier oder mehr Wochen (je nach Anzahl der Gruppenmitglieder) wird das Logo durch eine neue Figur aus dem Personen- oder Tierreich ersetzt, das es allerdings erst einmal wieder zu erfinden gilt …

96 Was übrig für Kunst?

Unter diesem Motto findet ein Nachmittag kreativen Kunstschaffens statt, zu dem die Gruppenmitglieder alles mögliche an Restematerial mitbringen dürfen: Korken, Sicherheitsnadeln, besonders schöne, aber leere Glasflaschen, Bierdeckel, Nagellack, ein Fell, Wolle, Steine, Farben etc. Je bunter die Palette an Krimskrams, desto besser. Die Dinge werden in der Mitte der Gruppentische bereit gestellt, so dass jeder gut Zugriff zu all den Schätzen hat. Aus ihnen soll nun ein Kunstwerk gebaut, geklebt oder genagelt und so weiter werden, das seinesgleichen sucht!

Da es für viele nicht so kreative Menschen gar nicht leicht ist, aus Nichts etwas zu machen, wird die Aufgabe folgendermaßen konkretisiert: Jeder Mitspieler wirft einen Buchstaben in den Raum.

Vokale und Konsonanten werden willkürlich notiert und anschlie-
ßend abgelesen. So entstehen beispielsweise lustige Wörter wie
- KROKOMARIKEL
- PERTIFLAST
- ANTRIRUMENTE

Gemeinsam entscheiden sich die Teilnehmer für die genialste
Zufallswortschöpfung. Und so wie dieses Wort soll auch der Titel
des Kunstwerkes lauten! Die Künstler machen sich unverzüglich
ans Werk. Wie wohl so ein Krokomarikel aussehen mag? Lassen
Sie sich von dem Erfindergeist Ihrer Schützlinge überraschen.

Tipp:
Es kann natürlich sein, dass ein fertiges Gebilde so gar nicht nach
Krokomarikel aussieht, sondern eher nach Rutevorschlup! Auch
recht, eine solche Umbenennung erfordert wiederum Kreativität
und liegt somit ganz im Interesse der Spielleitung!

X. Zukunftsspiele

Dass der Mensch ein Ziel braucht, um sinnvoll aktiv werden zu können, ist bekannt. So lernt man, um gute Noten zu bekommen, man geht ins Freibad, um Spaß zu haben, man kauft sich ein Mofa, um bequem an Ort und Stelle zu gelangen. Doch wozu soll das überhaupt alles gut sein? Oft genug wird heutzutage von der Orientierungslosigkeit der Jugend gesprochen, eine Jugend, die in nichts einen Sinn sieht ...

Das kann unter anderem bedeuten, es gibt niemanden, der solchen Jugendlichen überzeugend ein Vorbild abgibt, das mit Freude, Erwartung und bestimmten Lebensvorstellungen in die Zukunft blickt. Es wird Zeit, derlei weiter entfernte aber durchaus denkbare Ziele näher zu definieren und ins Blickfeld der Kinder zu rücken. Wo ist der große Zusammenhang, wofür lohnt es sich, dies oder jenes zu lernen? Kinder sind niemals zu klein, um sich im Spiel in das Erwachsenendasein hineinzudenken. „Das verstehst du noch nicht", damit werden Kinder oft zu Unrecht davon abgehalten, Interesse an Lebensbereichen der Großen zu zeigen. Doch genau hier könnte man wunderbar ansetzen, um den jungen Menschen ein Recht und die Möglichkeit zu geben, vorausschauend ein Ziel anzusteuern. Denn sich orientieren heißt eigentlich nichts anderes, als aufzustehen, in die Ferne zu blicken, um anhand von „Wegweisern" oder anderen markanten landschaftlichen (beziehungsweise gesellschaftlichen) Merkmalen zu erkennen, wohin der Weg führen könnte.

97   Futuristisch

Ich mit 20, mit 30, mit 40, mit 50 ... So oder ähnlich könnte das Thema formuliert werden, wenn man Zukunftsvorstellungen über die eigene persönliche Entwicklung anstellen möchte. Jeder denkt über sich selbst nach und spielt verschiedene Varianten durch. Die

Lieblingsvision wird anschließend mit Knetmasse oder Ton plastisch umgesetzt. Dabei sollen nicht nur Symbole dargestellt werden, die vielleicht mit dem gewählten Beruf in Zusammenhang stehen (zum Beispiel Autos für den Automechaniker), sondern jeder formt sich selbst körperhaft dazu! Anhand der Anordnung der Objekte und Personen lassen sich dann interessante Themen bilden. Wer wählt welchen Beruf, wer steht stabil auf der Erde, welche Figur wirkt untätig, wer überhäuft sich anscheinend schon frühzeitig mit Verantwortung und Arbeit etc.?

Während der Diskussionsphase darf dann mit den getöpferten Figuren gespielt werden. Passt nach Meinung anderer der Dieter in den Pflegedienst, wird es ihm auch gut tun? Oder sollte man ihn von den Betten, die er modelliert hat, etwas abrücken und dafür in die Nähe von Blumen stellen? Wie lange mag Elmar, der sich in stolzer Pose, reichlich übergewichtig und mit einer Havanna im Mund modelliert hat, sein Lebensstil wohl gut tun? Dabei sollte jedoch keinesfalls moralisiert werden. Viel mehr geht es darum, den Blick mit viel Humor auch in etwas entfernte Zeiten zu richten, um dabei ganz zwanglos mit Idealisierungen und fiktiven Wunschvorstellungen zu spielen. Kritische Einschätzungen sind aber durchaus erwünscht!

98   Der Kuchenplan

Wie wird in Zukunft wohl die zeitliche Einteilung zwischen Familie und Arbeit aussehen? Das ist die Frage, die bei diesem Spiel beantwortet werden soll! Wer wird Beruf und Familie anstreben, wie sieht die Gewichtung aus, was für Vorstellungen haben Jugendliche von der Verantwortung für eine Familie und wie sehen die zeitlichen Einschätzungen aus, die sie der jeweiligen „Tätigkeit" beimessen?

Der Kuchenplaner wird's ans Licht bringen: Jeder Teilnehmer erhält einen runden, weißen Pappteller und einen Notizzettel. Auf letzterem sammelt er sämtliche Verrichtungen, die er sich für den normalen Werktag (angefangen beim Frühstück) vorstellen kann.

Dann werden die Zeiten geschätzt und ähnliche Verrichtungen werden zu Tätigkeitsblöcken zusammengelegt (zum Beispiel Frühstück + Mittagessen + Abendessen = gemeinsame Mahlzeit mit der Familie). Das Ergebnis wird dann mit Hilfe von Zirkel und Stift im Tortenschnittmuster auf die Werktagsteller übertragen, zum Beispiel:

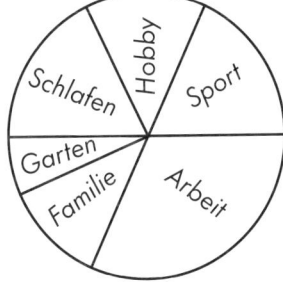

Wie sieht im Vergleich dazu der Feiertagsteller aus? Interessant wird es auch, wenn alle Felder, in denen einer hauptsächlich Befriedigung für die eigene Person findet, rot bemalt und die sozial-integrativen Tätigkeiten grün gefärbt werden …

99 Die grüne Brille

Wie wird die Umwelt der Zukunft aussehen? Alle Teilnehmer blicken durch eine symbolische grüne Umweltbrille und stellen sich die Frage, welche Probleme sich bis zu welcher Zeit wohl wie verändert haben werden, was an ökologischen Sorgen hinzu kommen könnte etc. Die Mitspieler bekommen ausreichend Zeit, um sich über die derzeitigen Umweltbelastungen und über Art und Umfang der bereits entstandenen Schäden zu informieren. Auch Projekte und Maßnahmen, die Abhilfe schaffen können, werden diskutiert. Im Anschluss daran sollen nun Zukunftsvisionen erstellt werden und in Form eines Zeitungsartikels des Jahres 2010, 2050 usw. zusammengefasst werden. Alle Artikel werden während einer Autorenlesung entsprechend gewürdigt und auf Realitätsbezüge und Ökorelevanz hin überprüft.

100 Sandkastenfreundschaft

Sandkastenfreundschaften werden häufig im reiferen Alter zitiert, wenn man damit ausdrücken möchte, dass man sich schon seit Urzeiten gut kennt. Davon genau handelt dieses prognostische Spiel: Jeder lässt im Geiste all seine Freunde vorüberziehen. Enge Freunde, mit denen man täglich zusammen ist, aber auch andere gute Bekannte, die man regelmäßig trifft oder auch Brieffreundschaften und dergleichen. Mit welchen von all den Menschen möchte man auch noch in 30 Jahren Verbindung haben? Könnte jemand von ihnen ein Freund fürs Leben sein? Wer bereits glaubt einen solchen Freund zu besitzen, darf ihn auf einem toll gestalteten Steckbrief der Gruppe vorstellen. Das Wichtigste dabei: Was zeichnet diese Person aus, dass man sich eine lebenslange Bindung vorstellen könnte? Wer möchte, darf ein Foto dazukleben.
Wer eine so zukunftsträchtige Freundschaft noch vermisst, verfasst ebenfalls einen Steckbrief mit der Überschrift: Echte Freundschaft gesucht!

101 Money money money

Die Überschrift macht das Ziel dieses Zukunftsspieles recht deutlich: Geld – was werde ich einmal damit anfangen?
Jeder Mitspieler erhält eine weiße Kopie, auf der eine stark vergrößerte Euromünze abgebildet ist. In diese Eurozeichnung dürfen nun die Spieler mit Farbstiften oder Kuli alles hineinmalen, was sie später gerne einmal für Geld erwerben möchten oder worin sie ihr Geld anlegen würden. Dazu zählen nicht nur große Anschaffungen wie Immobilien oder Autos, sondern auch die kleineren Luxusausgaben wie zum Beispiel wöchentlich ein Kinobesuch oder der Samstagmittag beim Italiener um die Ecke.
Das Trockenshopping macht natürlich großen Spaß, nicht minder spannend jedoch ist die anschließende Diskussion um die anfallenden Kosten im Vergleich zum eventuell weniger gesegneten Eingang der Finanzen.

102 Familienplanung

Die heimlichen Fantasien vieler Jugendlicher bezüglich des Erwachsenwerdens und Erwachsenseins sind oft wesentlich präziser, als man annehmen möchte. Da wissen viele schon ganz genau, mit welchem Alter sie die erste Freundin oder den ersten Freund haben möchten, wann sie heiraten oder ob sie nie heiraten, ein Kind, drei Kinder oder gar kein Kind wollen etc.
Und wie so eine naive Vater-Mutter-Kind-Fantasie aussehen kann, soll in diesem Spiel herausgefunden werden. Nicht zuletzt deshalb, weil die jungen Mitspieler über die Vorstellung, wie die eigene Tochter oder der eigene Sohn wohl sein wird, eigene Defizite kompensieren können. Die geplanten Kinder werden also der Gruppe

vorgestellt, wie sie aussehen, was für Typen es sein werden, was für Begabungen ihnen zugedacht werden, wie sie sich in der Schule zeigen etc. und vor allem was jeder später mit seinen großen Kindern einmal unternehmen möchte. Diese Zukunftsträume werden in der Gruppe erzählt und besprochen. Es kann übrigens nicht schaden, wenn jeder seine rosarote Vorstellung vom eigenen Nachwuchs gut aufbewahrt (für später, wenn dann der Ernstfall mit der Prognose verglichen werden kann).

103 Rollenwechsel

Die eigenen Eltern tragen eine lange Zeit Verantwortung für die jungen Gruppenmitglieder. In welcher Form, das sollen die Teilnehmer zunächst einmal jeder für sich selbst überlegen. Jeder hat außer den obligatorischen Versorgungen hinsichtlich Ernährung, Bildung, Wohnung etc. sicher auch noch andere Bereiche (emotionaler, gesundheitlicher, ... Art) in denen die Eltern ihnen Fürsorglichkeit angedeihen lassen.

Wie aber darf man sich den Rollenwechsel vorstellen? Als was und wie sieht jeder seine Eltern in ein paar Jahren? Werden sie als die „Alten" abgestempelt, die nur „Kohle" ausspucken dürfen oder haben die Jungen doch eine andere Einstellung gegenüber der Familie? Meine Eltern, jetzt und in Zukunft: So lautet der Titel für eine kleine Ode an die Erzeuger, mit Erinnerungen für bisherige Unterstützungen und mit Ausblicken auf die fernere Zukunft. Darin bringen die Verfasser, die zu diesem späteren Zeitpunkt selbst hoffentlich nicht mehr bedürftig sind, nun ihrerseits die möglichen Verpflichtungen gegenüber ihren Eltern zum Ausdruck.

104 Wie ich einmal wohnen werde

Jeder Teilnehmer fertigt aus verschiedensten Bastelmaterialien eine Collage seiner künftigen Wohnung und des Umfeldes an. Es geht nicht um die innenarchitektonische Gestaltung der Zimmer, sondern um die Vorstellung des generellen Wohngebietes. Da gibt es nun allerlei Möglichkeiten, zum Beispiel: Wohnblöcke, Hochhäuser, Reihenhäuser, mit Balkon und ohne Balkon, mit oder ohne Garten, vereinzelt stehend oder benachbart, farbenfroh angelegt oder düster, von Hecken umwachsen oder freistehend, ländliche Wohnlage oder urbar etc.

Solche Zukunftscollagen machen großen Spaß. Interessant dabei ist, inwieweit die jugendlichen Teilnehmer die eigenen häuslichen Umstände kopieren oder sich aber gänzlich neuen Wohnidealen verschreiben. Bei diesem Spiel wird im Übrigen sehr gut ersichtlich, wie zufrieden mit dem häuslichen Umfeld beziehungsweise wie selbstbewusst die Mitspieler sind.

Bücher für Gruppenprozesse

136 Seiten, s/w-Illustrationen,
kartoniert, ISBN 3-7698-1083-X

Birgit Fuchs
Spiele fürs Gruppenklima

160 Spiele zeigen für Gruppen aller
Altersstufen spannende Möglichkeiten auf, wie man die Kraftmeier und
die Angsthasen, die Wortführer und
die Schüchternen, die ewigen Spaß-
macher und die zurückhaltenden Stillen „unter einen Hut bringen" kann.
Das Ergebnis: ein stabiles, partner-
schaftliches Klima in der Gruppe.

120 Seiten, s/w-Illustrationen,
kartoniert, ISBN 3-7698-1209-3

Thorsten Böhner
Spiele, die Beziehung knüpfen

Mit anderen in Beziehung zu treten
ist nur auf den ersten Blick einfach.
In der Realität zeigt sich oft, wie
schwierig es ist, offen auf Menschen
zuzugehen. Die rund 140 Spiele
trainieren sensibles Einfühlungsver-
mögen und das Hineinschlüpfen in
eine fremde Haut ebenso, wie das
bewusste Abgrenzen ohne andere zu
verletzen.